La ruée commerciale
sur la Côte d'Or et la Côte des Quaqua

Collection Histoire africaine

Intégrée à l'ensemble éditorial « Chemins de la Mémoire », la collection « Histoire africaine » regroupe des travaux d'historiens consacrés à l'Afrique subsaharienne, des origines à nos jours.

Derniers ouvrages parus :

Lachèse (Marie-Christine), *De l'Oubangui à la Centrafrique. La construction d'un espace national*, 2015.
Kone (Sixeau Daouda), *Le peuplement ancien en basse Guinée, XIIe-XIXe siècle*, 2015.
Souyris (Bernard), *Oppression coloniale et résistance en Haute-Volta. L'exemple de la région de la boucle du Mouhoun (1885-1935)*, 2014.
Bouhdiba (Sofiane), *Gorée, la porte sans retour. La mortalité des captifs à bord des navires négriers*, 2014.
Matoumba (Martial), *Le paléolithique au Gabon. Les technologies lithiques dans la région de la Nyanga (sud-ouest)*, 2013.

Simon-Pierre EKANZA

La ruée commerciale sur la Côte d'Or et la Côte des Quaqua

XVe-XVIIIe siècle

Européens et Africains dans le golfe de Guinée

L'Harmattan

Du même auteur

Aux éditions L'Harmattan (Paris)
L'Afrique et le défi du développement, 2014.
Le Moronou, terre méconnue de Côte d'Ivoire.
Géographie, agriculture et sociétés, 2015.
L'historien dans la cité, 2015.
Mako, administrateur français en Côte d'Ivoire (1908-1939).
Un commandant à un poste colonial,
au cœur des transformations économiques et sociales, 2016.

Aux éditions CERAP (Abidjan)
L'Afrique au temps des Blancs (1880-1935), 2005.
Côte d'Ivoire terre d'accueil et de convergence, 2006.
De l'Ethnie à la Nation, 2007.
La Chefferie du Moronou, de Dangui Kpanyi à Ano Asoman II, 2008.

Aux Presses universitaires de Côte d'Ivoire – PUCI (Abidjan)
(dir.), *L'impérialisme moderne et l'Afrique : XIXe – début XXe siècle*,
n° spécial Godogodo, 1989.
Le dernier siècle de l'Afrique libre.
L'Europe au chevet de l'Afrique, 1995.

En collaboration
Assinie et sa région dans l'histoire,
Imprimerie nationale, Abidjan, 1973.
Grand-Bassam, Bingerville, Abidjan : recherche d'une capitale,
Imprimerie nationale, Abidjan, 1974.
La Côte d'Ivoire par les textes, N.E.A., Abidjan, 1978.
Le Mémorial de la Côte d'Ivoire,
4 vol., AMI, Abidjan-Tournais, 1988.

© L'Harmattan, 2016
5-7, rue de l'Ecole-Polytechnique, 75005 Paris

http://www.harmattan.fr
diffusion.harmattan@wanadoo.fr

ISBN : 978-2-343-08682-8
EAN : 9782343086828

SOMMAIRE

Introduction : le contexte géographique et politique 9

Première partie : le pays, les hommes et les Etats 15
Chapitre I : La Côte des Quaqua 19
Chapitre II : La Côte de l'Or 39

Deuxième partie : les partenaires commerciaux 53
Chapitre III : les commerçants africains 57
Chapitre IV : les partenaires commerciaux européens 65
Chapitre V : l'influence des nations européennes
dans le golfe de Guinée : un essai de chronologie 79

Troisième partie : l'activité commerciale dans la région 87
Chapitre VI : le commerce intérieur et extérieur 91
Chapitre VII : les transformations de la production,
effet des échanges commerciaux 103
Chapitre VIII : Concurrence commerciale et croissance
économique 117

Quatrième partie : les autres contacts entre Européens et Africains 135

Chapitre IX : les ambassades à l'intérieur du continent
et les tentatives d'installation 139
Chapitre X : la politique européenne d'acculturation . 145
Chapitre XI : les effets socioculturels 151

Conclusion 161
Sources et Bibliographie 167
Documents annexes 175
Table des matières 195

Introduction

Le contexte géographique et politique

La littérature sur la Côte de l'Or et accessoirement sur la Côte des Quaqua – la partie occidentale du rivage ivoirien actuel – est déjà fort impressionnante. Qu'y a-t-il alors de nouveau qui puisse susciter un nouvel écrit ? Les ouvrages existent, certes, et de grande qualité, rédigés le plus souvent par les meilleurs spécialistes dans le domaine : K. Y Daaku, J. K. Fynn, A.Van Dantzig, E. Terray, du côté de la Côte de l'Or ; M. Augé, C.H. Perrot, H. Diabaté ou encore F. Verdeaux, du côté de la Côte des Quaqua, pour ne citer que ceux-là. Toutefois, ces ouvrages de très grand intérêt sont éminemment érudits et ne s'adressent qu'à un public restreint; de surcroît, ils datent et ont, pour ainsi dire, disparu des bibliothèques ouvertes au grand public, n'étant plus que difficilement accessibles.

Le but de cet ouvrage est donc de vulgariser l'information sur ce qu'étaient l'environnement immédiat des lieux d'échanges, l'organisation politique et sociale, la vie économique et culturelle des Africains de l'époque, et surtout d'appréhender les relations entre Européens et Africains sur cette partie du golfe de Guinée, en s'appuyant sur l'historiographie contemporaine mais aussi sur les sources européennes, demeurées jusque-là inconnues en dehors du cercle clos et étroit des universitaires.

Sans vouloir insister là-dessus, il importe néanmoins de souligner l'apport inestimable de ces documents. En effet, si pour la période coloniale proche ou même pour le XIXe siècle, l'on dispose de rapports d'administrateurs européens ou de récits d'explorateurs dont l'interprétation peut être corrigée par les traditions orales recueillies de nos jours, pour les siècles antérieurs, les traditions ont été fortement altérées en passant d'une génération à l'autre, ou se sont cruellement appauvries au point qu'au bout de cinq à six générations, de quelque 150 à 200 ans, elles ont été noyées dans des mythes dominés par des croyances religieuses.

Nous sommes donc aujourd'hui réduits, faute de documents archéologiques, à des tableaux qui ressortissent plus à la sociologie qu'à l'histoire proprement dite, fondée sur une chronologie précise d'événements nombreux, si l'on s'interdit de recourir aux sources manuscrites de l'époque. Ces sources, qui sont encore peu interrogées par les historiens, se révèlent néanmoins relativement riches. Les agents des différentes compagnies de commerce produisaient des rapports détaillés qui permettent de relever les activités des Européens sur la côte, les effets et influences que celles-ci ont pu déterminer sur les structures sociales et politiques des peuples de l'arrière-pays, qui échangeaient contre les articles européens : l'or, les esclaves et autres produits du cru.

Les pionniers européens, à la tête desquels se détachent les Portugais, abordent les côtes africaines dès le XVe siècle. Un siècle auparavant, ils y avaient été précédés par les marchands soudanais, descendus lentement et progressivement au fil des siècles par les pistes et chemins de la savane du nord. Ils étaient répartis en petits groupes, s'adonnant aux métiers d'artisanat, tantôt comme forgerons, tantôt comme tisserands ou encore comme orpailleurs dans l'arrière-pays, précisément à Bégho et dans le pays environnant. D'autres encore y exerçaient le métier de commerçants, se révélant fort actifs dans l'échange des produits artisanaux contre essentiellement l'or et le cola, tant prisés dans leur pays d'origine. Leur présence, extrêmement active dans la région, laissait soupçonner qu'ils n'attendaient que le bon moment pour poursuivre leur marche en direction de l'océan.

L'ouverture de la Côte d'Ivoire et du Ghana actuels sur l'extérieur, aussi bien par leur bordure atlantique que par leur ligne de front terrestre, est donc fort ancienne. Les deux pays en portent aujourd'hui des traces qui les ont durablement marqués sur leur sol et dans les différentes composantes culturelles des populations qu'ils renferment : langue, religion, aspects politiques et autres. L'influence des Européens en particulier s'est à jamais incrustée dans le paysage.

En effet, nombreux sont les pays, les villes, les localités, les sites géographiques de la côte ouest-africaine et particulièrement de la Côte d'Ivoire et de la Côte de l'Or, qui doivent encore leurs appellations à la présence de ces premiers Européens. On peut citer, à titre d'exemple, les villes de *San Pedro, Sassandra, Lahou* sur la côte ivoirienne, à consonance portugaise ; les noms *Volta* (retour), *Cape Coast,* issu du portugais *Cabo corço* (cap jeune cerf), *Elmina* (*da Mina*) devenu *d'Almina* avec les Hollandais, *Gold Coast,* ancien nom du Ghana, qui n'était autre que la traduction anglaise du terme *Costa da Mina* (Côte de la Mine d'or), utilisé par les Portugais depuis l'époque des découvertes, pour désigner le secteur côtier compris entre le cap des Trois Pointes et le fleuve *Volta*[1].

L'objectif fondamental de l'intrusion européenne était le commerce : prendre à revers le commerce transsaharien en direction des pays arabes, en attirant sur la côte atlantique les producteurs d'or de la région, orientés jusque-là vers le Soudan et l'intérieur du continent. Par ailleurs, les Européens espéraient explorer, éventuellement, les sources du métal précieux grâce aux contacts noués à l'intérieur du pays. Ce deuxième objectif, avoir des précisions sur la localisation des différents gisements aurifères, se heurtera à la résistance des

---

[1] Cf. J. Bato'ora Ballong-Wen-Mewuda, *Sao Jorge da Mina, 1482-1637*. Lisbonne-Paris, 1993.

autochtones, jaloux d'en conserver le secret. En revanche, les échanges d'or en contrepartie des marchandises importées dont ils deviendront de plus en plus friands, seront possibles.

Au tournant de la deuxième moitié du XVIIe siècle, la conjoncture change : l'or, moins prisé, est abandonné au profit de l'esclave noir, dont le besoin se fait de plus en plus cruellement sentir sur les plantations des Amériques. L'Afrique se voit ainsi privée de plusieurs centaines de millions de ses ressortissants. La Côte de l'Or, par ses seuls ports, achemine près de 5 à 7 000 esclaves par an en direction du Nouveau monde.

Les marchands soudanais du Nord, attirés bien avant les Européens par le commerce de l'or avec les pays du Sud, particulièrement par Begho et le pays limitrophe, réputés pour leur richesse en or, avaient amorcé, dès l'apogée du Mali au XIVe siècle, leur descente en direction des zones de savane et de forêt. A la quête de l'or et du cola, extrêmement convoités, s'ajoute accessoirement l'esclave, un troisième produit, tout aussi recherché et indispensable dans la production des biens et dans le circuit des échanges. Les contacts, noués avec les sociétés locales rencontrées dans la région, ont, eux aussi, laissé des traces qui persistent encore aujourd'hui dans la vie quotidienne des habitants.

Ainsi, l'irruption des Soudanais et des Européens sur les deux pays littoraux, constitués ultérieurement au cours du XIXe siècle en deux colonies distinctes, devenues aujourd'hui des Etats indépendants, provoque-t-elle des effets fort divers sur la vie des populations locales, particulièrement dans les domaines agricole, artisanal et de l'industrie extractive. D'autre part, les contacts entrainent un développement sans précédent des échanges avec l'extérieur. Si l'objectif commercial fut dominant dans les rapports avec les étrangers, d'autres types de rapports voient le jour : les rois et chefs de l'intérieur, mieux disposés à la longue, accueillent missions et délégations diplomatiques européennes. Mieux, des tentatives d'installation à l'intérieur prennent place, mais demeurent sans lendemain. Enfin, pour parvenir à leurs fins qui étaient avant tout d'ordre commercial, les étrangers essaient, chacun de son côté, avec beaucoup de discrétion, d'introduire une certaine politique d'acculturation par l'école et la religion.

Tels sont les principaux thèmes abordés tout au long des pages de cet opuscule qui s'ouvre par un chapitre liminaire consacré à une présentation de l'environnement physique et des différentes populations de la région.

PREMIERE PARTIE

LE PAYS, LES HOMMES ET LES ETATS

Le golfe de Guinée est entendu ici dans un sens restreint, ne comprenant qu'une fraction de sa partie méridionale, plus précisément la Côte des Quaqua et la Côte de l'Or. La Côte des Quaqua correspond à la majeure partie occidentale de la Côte d'Ivoire actuelle, l'étendue du rivage compris entre l'embouchure du Sassandra à l'ouest et celle de la Bia (Assinie) à l'est. Quant à la Côte de l'Or (ou Côte d'Or), elle désigne toute cette fraction de rivage qui s'allonge entre la localité d'Assinie et l'embouchure de la Volta au-delà de la ville d'Accra. Outre l'environnement immédiat du rivage, la zone d'étude se prolonge à l'intérieur des terres jusqu'à la zone limitrophe de la forêt et de la savane. Cette immense étendue de territoire, partagée de nos jours entre les deux Républiques sœurs, le Ghana et la Côte-d'Ivoire, n'offrait pas moins une certaine homogénéité, tant du point de vue des hommes, des mœurs et cultures que des ressources économiques, nous autorisant à l'embrasser dans une même perspective.

ESPACE AKAN-LAGUNAIRE

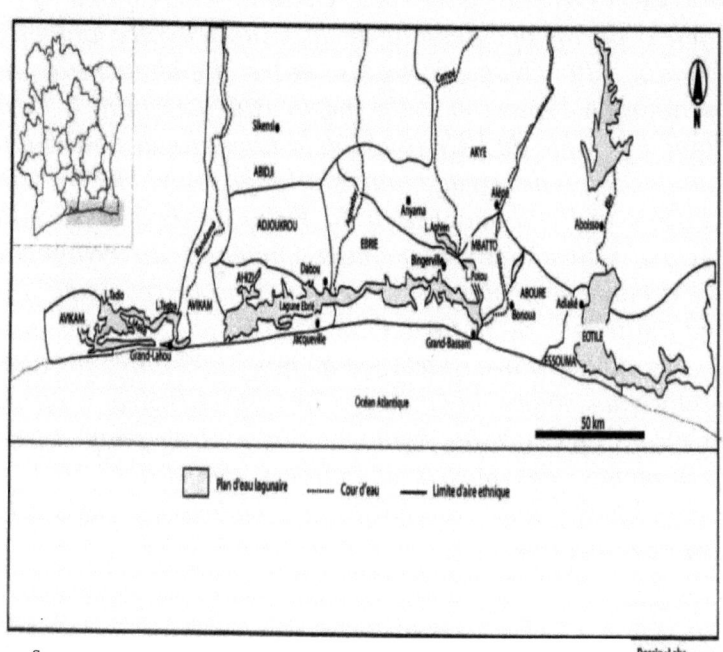

Source :
Allou (K. R) et Gonnin (G)
Côte d'Ivoire : les premiers habitants, Abidjan, edition du CERAP, 2006, 122p, p 31

CHAPITRE I

LA CÔTE DES QUAQUA

Loin de s'identifier à l'intégralité du rivage ivoirien actuel, qui se déploie sur une distance de près de 520 kilomètres entre le cap des Palmes à l'ouest et le cap des Trois Pointes à l'est, la Côte des Quaqua ne représentait qu'une portion du littoral ivoirien, sa partie occidentale, qui s'achevait à l'extrême-ouest par la fraction connue sous le nom de « côte des dents », limitrophe du cap des Palmes. Quelle perception avaient les auteurs de l'époque, de l'étendue exacte et des grandes divisions géographiques de cette portion de côte ? Par ailleurs, cette partie du littoral ivoirien, comme d'ailleurs sa fraction orientale, regroupait un certain nombre de sociétés, voire de micro-Etats, connus des auteurs européens qui tentèrent de les décrire et de rendre compte de leurs différenciations sociales internes et aussi de leurs activités économiques. Qui en étaient les habitants ? D'où venaient-ils et comment vivaient-ils ? Un survol de ces regroupements humains anciens s'avère être l'occasion d'une première tentative d'identification des populations de la zone littorale et de l'arrière-pays proche, d'en savoir davantage sur leurs origines, leurs mœurs et leurs activités, et aussi de se familiariser avec leur environnement naturel qui, apparemment, offrait tous les atouts pour des échanges avec le monde extérieur. Mais auparavant, quelle est l'étendue de l'espace *quaqua* et quelle en est l'étymologie.

I. ETYMOLOGIE ET ETENDUE DE L'ESPACE QUAQUA

A. L'étymologie du mot « quaqua »

Aucune signification satisfaisante de l'étymologie du terme « quaqua » ne nous est fournie aujourd'hui. On peut douter que le mot dérive du « cri des canards », comme l'ont suggéré certains auteurs de notre époque, ou qu'il provienne du terme *« quaba »* lancé en guise de salut au visiteur de passage. L'expression était, selon le père Loyer, d'un usage courant au XVIIIe siècle auprès des habitants de la côte, et se traduirait, toujours d'après Loyer, par le terme français « serviteur »[2].

La plupart des explications précédentes, à n'en pas douter, procèdent de l'esprit de jeu. Le point de vue, dont se fait l'écho Loyer, paraît pour autant vraisemblable. Aussi, serions-nous tenté, pour notre part, sans y souscrire pleinement, d'adhérer à la thèse établissant un rapprochement de ce terme avec le mot « aqua », d'origine twi, désignant l'*esclave* au sens de *prisonnier de guerre*. On pourrait alors supposer que, par dérivation, ce terme a pu s'appliquer à la fois aux émigrés d'origine akan, venus de l'est, et à leur nouvelle terre d'adoption. Ces réfugiés, en provenance du pays akan, vont effectivement cohabiter dans cette zone de refuge avec d'autres exilés, venus, quant à eux, du côté occidental opposé, après plusieurs siècles d'errance sous le couvert de l'immense forêt bordant la vallée lagunaire proche. Ces deux groupes d'exilés, venus d'horizons opposés et y ayant trouvé refuge, confèrent le surnom d'emprunt « quaqua », à cette fraction de côte, désormais connue sous le nom de « côte des quaqua », l'expression voulant dire *côte des esclaves immigrés*. En effet, considérés

---

[2] R.P. Godefroy Loyer, *Relation du voyage d'Issiny*, Paris, 1714.

comme des « sous-hommes », les nouveaux habitants répandus sur la Côte des Quaqua s'adonnaient, dans leur majorité, aux activités réservées en général aux esclaves, et se livraient pour la plupart à des travaux, comme la production du sel ou des vivriers, qui obéissaient à un mode d'exploitation esclavagiste. Toujours est-il que, malgré ces efforts de définition étymologique, le mystère subsiste toujours sur le sens de cette expression dont il importe de continuer à explorer la signification.

B. L'étendue de la côte

Quant à l'étendue de l'espace côtier, elle se subdivisait en trois secteurs bien distincts, reconnus de tous les navigateurs du XVIIe siècle, comme en témoigne l'auteur-compilateur, d'origine hollandaise, Dapper ; celui-ci y distinguait un secteur occidental, compris entre Lahou et Jakke-la-Hou. Cette partie de la côte qui se prolongeait à l'ouest au-delà du Sassandra, était réputée pour sa richesse en morfil, les défenses d'éléphant, en provenance de la zone forestière proche.

Faisant suite à cette première zone, s'allongeait entre Jakke-la-Hou et Corbi-Lahou, la partie du rivage appelée la *côte des six bandes*, du nom des pièces d'étoffes reliées entre elles par bandes de six, provenant de l'hinterland et écoulées sur cette partie de côte. Elle renfermait entre autres localités : Jakke-la-Hou (Jacques-la-Hou) et Jack in Jakko, distante de 7 lieues de Jack-Lahou (38, 892 km).

Certains auteurs ont identifié *Jakke-la-Hou* à *Big-Jack* et *Jack in Jakko* à *Half-Jack* ou Jacqueville. Marc Augé réfute, pour sa part, ces dénominations qu'il considère comme étant « douteuses ». Il révèle en revanche que les points repérés par Dapper « correspondent assez exactement aux emplacements actuels d'Addah et

Avagou »[3]. Cette mise au point abonde dans le même sens que la tradition orale, recueillie de nos jours en pays alladian, qui affirme que ces deux localités: Addah et Avagou, fondées parmi les premiers et les plus importants villages, sis au bord de l'océan, comptent parmi les centres du « premier » commerce établi avec les Européens. Ajoutons cependant, tout en étant partisan de l'interprétation de l'anthropologue français, que c'est aussi dans cette zone intermédiaire de la côte des Quaqua que l'on trouve le fameux « gouffre sans fond » qui fut un danger permanent pour la navigation, et donc un obstacle pour le commerce.

Enfin, la Côte des Quaqua s'achevait à l'extrême-est par la zone dite *« côte des cinq bandes »* dont l'unique point de relâche était Corbi-Lahou, éloigné de 24 lieues de Cap-Lahou et de 20 lieues d'Assinie. Il représentait le point médian entre Lahou et Assinie considéré jusqu'au XVIIIe siècle comme étant la première localité de la Côte d'Or, située à son extrême pointe occidentale.

II. LE MILIEU NATUREL MARITIME ET LAGUNAIRE

Tout, apparemment, semblait réuni pour faire du rivage quaqua et de sa zone proche un lieu privilégié d'échanges commerciaux avec son voisinage immédiat, voire les contrées plus lointaines et le grand large : la proximité de l'océan, le vaste plan d'eau intérieur, réseau naturel de communications et, enfin, la présence d'innombrables cours d'eau arrosant toute cette partie méridionale de la Côte d'Ivoire. En réalité, l'apparence n'était qu'illusion ; car ces « atouts », à l'expérience, se révélèrent être autant

---

[3] M. Augé, *Le rivage alladian : organisation et évolution des villages alladian*, Paris, ORSTOM, 1969, 264 p. (p. 32).

d'obstacles ; la nature y était hostile à l'homme et se révélera particulièrement hostile à l'égard de l'homme blanc et à tout ce qu'il y entreprendra.

A. Un océan redoutable et des fleuves inaccessibles

La première difficulté, l'une des plus redoutables, sera opposée par l'océan. Le rivage marin qui s'étire sur près de 550 km entre l'extrême-ouest ivoirien et Nougoua à l'est, offre deux aspects contrastés. De Tabou à Fresco, la côte est élevée, rocheuse et découpée, abritant des baies et des criques au fond desquelles se nichent des plages modestes et fort attrayantes. Au-delà de Fresco, elle est basse, rectiligne et dépourvue de tout abri naturel. Par ailleurs, elle est battue constamment par la barre qui en rend l'accès redoutable, voire périlleux particulièrement pour les opérations de chargement et de déchargements en mer.

L'accès dans les eaux des rivières et des fleuves côtiers n'était guère plus aisé. Leur embouchure était le plus souvent obstruée par les hauts fonds de sable qui empêchaient toute éventualité d'abris portuaires. La navigation y était des plus hasardeuses. Tantôt taris, tantôt débordant de leur lit, ces fleuves côtiers ont toujours été de mauvaises voies de pénétration dans l'intérieur du pays. Aussi n'étaient-ils fréquentés que par les frêles embarcations locales, montées par des populations riveraines. Seuls, les vapeurs à fond plat et à faible tirant d'eau osaient de temps à autre s'y aventurer. Encore se contentaient-ils de les remonter sur de faibles distances. Jusqu'en 1887, aucun commerçant européen ne risquera la remontée du Comoé au-delà d'Alépé, c'est-à-dire à une trentaine de kilomètres de Grand-Bassam. Tiassalé, situé sur le Bandama, à une centaine de kilomètres de Grand-

Lahou, l'embouchure de ce fleuve, resta inaccessible aux vapeurs français jusqu'en 1894.

B. Un chapelet de lagunes peu ouvert à la navigation

Les lagunes pouvaient-elles offrir une alternative aux liaisons commerciales ? On dénombre quatre lagunes principales qui, à l'origine, devaient former un seul et unique lac de dimension bien plus imposante. Mais, les alluvions, déversées par les différents fleuves au cours des siècles, ont fini par isoler les lagunes actuelles les unes des autres. D'ouest en est, l'on rencontre celle de Fresco, impraticable à cause des bancs de sable qui en obstruaient le lit. A sa suite, vient celle de Lahou qui s'allonge, calme et plate, sur une soixantaine de kilomètres entre cette localité et Lauzoua. La lagune Ebrié, la plus impressionnante par sa dimension - véritable mer intérieure - s'étire à la suite de cette dernière sur 115 km de long, atteignant environ 7 à 8 km dans sa plus grande largeur. Enfin, la dernière lagune, située à l'est, se divise en deux bras : la *Tendo*, parallèle à la côte, et l'*Aby* qui pénètre à l'intérieur des terres.

Ces lagunes, très découpées et encombrées de roseaux et de débris de branchages sur leur parcours, étaient inaccessibles aux grands navires. Ceux qui s'y engageaient, le faisaient à leurs dépens, tantôt échouant sur les hauts fonds, tantôt s'enlisant dans les roseaux. Bref, le contrôle de l'étendue lagunaire échappait parfaitement aux Européens. Aussi, la zone lagunaire était-elle devenue, depuis le XVe siècle, la zone refuge des populations vaincues de l'Est et de l'Ouest, à la recherche d'un abri pour leurs biens et leurs personnes. C'était aussi la zone d'échanges privilégiée pour les navires interlopes qui avaient hâte d'écouler leurs marchandises et de reprendre la mer.

C. Une nature hostile à l'homme

Les populations riveraines avaient, seules, la maîtrise des eaux et le contrôle de ces lieux. Intermédiaires incontournables, elles s'étaient imposées comme courtiers entre les navires de passage et les habitants de l'intérieur du pays. Elles connaissaient tous les détours de la lagune. Montées sur les frêles esquifs, elles sillonnaient la lagune d'un bout à l'autre.

Quant aux marchands européens réguliers qui faisaient escale dans ces parages, ils quittaient rarement le pont de leurs navires amarrés en pleine mer, pressés au même titre que les interlopes de pouvoir écouler leurs articles et de lever l'ancre. Car la nature de ces lieux était souvent cruelle à leur endroit. Leur santé fut en effet soumise à de dures épreuves avant la découverte de la quinine, survenue en 1852. Le paludisme, mais aussi la dysenterie et la fièvre jaune infestaient toute la région lagunaire. Aussi, ceux qui osaient y effectuer le voyage, eurent-ils à payer chèrement leur audace. Les ravages que ces maladies provoquaient dans la population, frappèrent l'imagination de leurs contemporains, au point que les marins anglais surnommèrent cette côte *the white man's grave*, le tombeau de l'homme blanc :

> Les plus dangereuses étaient la fièvre chaude, la dysenterie, le scorbut et « des vers qui venaient dans les cuisses et dans les jambes, longs de 5 à 6 pieds et même comme des cordes de luth[4].

---

[4] « Mémoire ou relation du S^r Du Casse sur son voyage de Guynée avec la 'Tempeste' en 1687 et 1688 », in P. Roussier, *l'établissement d'Issiny, 1687-1702*, Paris, Larose, 1935, p. 38.

III. ACTIVITES ECONOMIQUES

La recherche de l'origine des expressions : *six bandes* et *cinq bandes,* utilisées pour désigner les grandes zones de cette côte, oriente le lecteur vers l'une des occupations majeures, qui fut celle de l'ensemble de cette côte: le commerce. Toutefois, l'activité commerciale ne fut point exercée à l'exclusion de toutes les autres activités. La production du sel, article majeur d'échange dans les transactions avec les populations de l'arrière-pays, et aussi des produits agricoles nécessaires à la subsistance quotidienne, occupe le plus clair du temps de la main-d'œuvre servile et du paysan.

A. Les échanges commerciaux

Certes, la désignation des produits, qui ont rendu célèbre cette partie du rivage ivoirien, pourrait prêter à confusion sur leur provenance. En effet, la production des robes de coton n'est pas à lier à la côte des Quaqua. S'il existe une tradition de « tissage » chez les Alladian, aujourd'hui habitants de cette côte, elle se rapporte aux vêtements en fibre de raphia, à la confection desquels certains d'entre eux excellent encore de nos jours. Au reste, la lecture attentive du texte de Dapper semble bien suggérer que les habitants du littoral ne faisaient que le commerce de « robes » dont l'origine était plus septentrionale. De fait, si l'on en croit la tradition des Alladian, ceux-ci furent très tôt en contact avec les populations du nord de la lagune, notamment avec les Baoulé de Tiassalé, auxquels ils vendaient du sel et des produits de traite contre les captifs, de l'or et des pagnes.

Quant aux autres ressources de la côte, elles ne se dévoileront que progressivement, au fil des siècles, aux Européens qui, pour diverses raisons, éprouvaient mille difficultés à accoster sur le rivage durant les premiers moments de contact. Contrairement à ce qu'ils écrivaient, l'eau, les vivres, les fruits et autres rafraîchissements n'y manquaient pas, mais il fallait, pour les acquérir, y mettre le prix :

Les vivres...les fruits et rafraîchissements pour les malades ne s'obtenaient des habitants qu'à très haut prix... Le seul moyen d'approcher des rois du pays était de leur apporter des présents et les chefs de tous grades ne cessaient de demander des cadeaux pour eux-mêmes[5].

On y trouvait effectivement toutes sortes de denrées, y compris *« du très bon riz »* ainsi que de l'ivoire, du *« poivre de Guinée, appelé aussi graine de paradis ou maniguette »*. Ces articles et bien d'autres ont fait l'objet de transaction entre Européens et habitants de la côte, dès les premières années de contact, à la fin du XVe siècle. L'absence de tout comptoir sur la terre ferme n'y avait jamais été un obstacle. Le marchand flamand, Eustache de la Fosse, qui parcourt toute la côte ouest-africaine en 1479-1480, atteste que les esclaves, achetés aux différentes escales de cette côte, sont revendus à Elmina sur la Côte de l'Or. Duarte Pacheco Pereira, gouverneur portugais en poste à Elmina durant les premières années du XVIe siècle, confirmant ces transactions aux mêmes endroits du littoral ivoirien, souligne cet autre fait, le renchérissement des prix offerts pour l'acquisition des esclaves, qui a pu momentanément ralentir le trafic négrier sur cette partie de la côte ivoirienne actuelle.

Toutefois, malgré la hausse des prix des différents articles acquis sur la côte des Quaqua, le commerce européen devient, à la fin du XVIe et au début du XVIIe

---

[5] P. Roussier, *l'établissement d'Issiny, 1687-1702*, Paris, Larose, 1935, p.VII.

siècle, l'objet d'une compétition âpre entre marchands anglais, hollandais, français, danois et allemands :

> Chaque année, pendant la saison la moins mauvaise, de novembre à mars, des vaisseaux de toutes ces nations venaient croiser le long de cette côte inhospitalière[6].

A la fin du XVIIe siècle, le commerce était certes en baisse dans la région, mais non pas au point de pousser tous les Européens à y renoncer; certaines nations, comme la Hollande, y trouvaient encore leur compte. Les auteurs français, en particulier, conduits à dresser le bilan du commerce encore effectué dans la zone, soulignaient avec une pointe de regret, en songeant aux beaux jours du négoce qu'ils y effectuaient dans le passé, tout le profit que le commerce hollandais tirait encore de cette côte :

> Les interlopes hollandais et les navires de Hambourg font beaucoup de commerce...les Français anciennement y envoyaient de nombreux vaisseaux[7].

Le commerce y était donc encore assez actif et relativement prospère dans les dernières années du siècle finissant, non seulement pour attirer l'attention des observateurs, mais aussi pour autoriser espoirs et projets. Le chevalier Damon (1698) élabore même un programme dont la réalisation, ébauchée, ne sera guère effective que dans les dernières années du XIXe siècle:

---

[6] P. Roussier, *op. cit.* p. VII.

[7] Voir « Mémoire ou Relation du Sieur du Casse sur son voyage de Guynée avec la « la Tempeste » en 1687 et 1688 », in P. Roussier, *L'établissement du royaume d'Issiny*, p.7.

On pourra dans la suite faire d'autres établissements au cap de Lahou, à Bassam, et à la rivière de Suriou d'Acosta, où il y a quantité d'or et de morfy ; on se rendra maître par ce moyen de 60 lieues du meilleur pays de la Coste d'Or et on ôtera par là le commerce à plus de 50 navires interlopes hollandais et anglais qui y vont trafiquer tous les ans[8].

Cependant, le commerce, en cette fin du XVIIe siècle, portait désormais sur l'esclave. L'achat et la vente des esclaves, phénomène ancien et permanent dans les sociétés de la côte, notamment alladian-avikam, mais aussi dans celles de l'arrière-pays en contact avec la côte, connaissent un essor particulier dû essentiellement à la demande intensive des économies coloniales d'Amérique. Les exportations, de plus en plus fortes d'esclaves, auxquelles participe la *Windward Coast* qui comprend aussi cette partie de la côte ivoirienne, atteignent leur apogée au XVIIIe siècle.

Selon les estimations de Curtin, la *Windward*, sans avoir la capacité exportatrice des autres côtes de l'Atlantique, aurait livré aux seuls Britanniques, de 1673 à 1689, 24 400 esclaves sur 89 200 de l'Afrique atlantique, soit 27,3% contre 20,9% à la Gold-Coast, et de 1690 à 1700, environ 37 800 sur 99 400, soit 38% contre 18,4% à la Gold-Coast[9]. Cette progression sera accentuée au XVIIIe siècle, puisque la seule Hollande, entre 1710 et 1795, extraira du rivage ivoirien 95 100 esclaves contre 37 400 à la côte libérienne[10].

---

[8] « Relation du voyage de Guynée fait en 1698 par le chevalier Damon », in P. Roussier, *op. cit.*, *p.78*.

[9] H. Mémel-Fotê, *Esclavage, traite et droits de l'homme en Côte d'Ivoire de l'époque précoloniale à nos jours*, Abidjan, CERAP, 2006, citant Ph. D. Curtin, *The Atlantic Slave Trade. A Census*, Madison, 1969.

[10] H. Mémel-Fotê, *op. cit.* apud Johannes Postma, "The Origine of African Slaves. The Dutch Activities on Guinea Coast 1675-1795", in

Outre le commerce extérieur effectué avec les Européens, monopole de la couche socio-politique, préexistaient des échanges internes entre habitants de la côte et riverains des lagunes, voire avec des peuples plus éloignés. La documentation, bien que parcellaire, suggère néanmoins que le littoral et l'arrière-pays ont abrité des échanges considérables entre les autochtones et le pays profond. Refuge des populations vaincues, Akan mais aussi Krou, expulsées de leur terroir, le littoral quaqua exerce un attrait irrésistible sur les marchands mandé à la recherche de l'or, de la noix de cola et aussi des articles européens qui y font leur apparition dès l'arrivée des premiers Portugais. Ces multiples mouvements de populations et l'accroissement des échanges commerciaux ont pu avoir une incidence non négligeable sur la carte ethnique et culturelle de la région, provoquant des mutations d'ordre socio-politique.

B. Les activités de production

Par ailleurs, d'autres activités économiques prospéraient sur la côte : la production du sel marin pour le ravitaillement de l'hinterland, à laquelle concourait activement une main-d'œuvre servile, l'artisanat, mais surtout la pêche, activité principale et dominante sur tout le parcours du rivage.

Le sel, principal bien local, nécessaire à l'acquisition de l'or lointain négocié auprès des populations des pays voisins situés plus au nord, était quasiment produit par des esclaves, et accessoirement par les femmes ou encore par des travailleurs libres mais gagés[11]. Il revenait en outre aux esclaves de transporter le sel produit jusqu'à Assoko,

---

Race and Slavery in Western Hemisphere: Quantitative Studies, Princeton University Press, 1975; (Voir chap. II, p. 33-49.
[11] H. Mémel-Fotê, *op. cit.* p. 94.

puis de cette ville-marché ils acheminaient les paniers de sel en pays compa et jusqu'en territoires d'Egban et d'Edwan, voire en Aowin et le marché lointain de Begho. De ces différentes contrées, ils rapportaient en contrepartie : l'or, l'ivoire, vraisemblablement des esclaves qui venaient grossir leurs rangs, et du cheptel.

Le sel représente certes, pour la région, une production non négligeable dans le circuit d'échanges, mais il est loin d'épuiser la gamme des produits, fruit du labeur quotidien de ses habitants. Outre la production salinière, source d'enrichissement pour la haute couche de la société des *brembi* (les nobles), les éléments de la couche moins aisée, y compris les paysans, s'adonnaient aux activités de production liées à la subsistance quotidienne. Défavorisés par l'insuffisance de bonnes terres propres aux cultures céréalières, sur un terrain sablonneux, les paysans concouraient néanmoins par leurs prestations, le plus souvent rémunérées en nature, à l'apprêt des plantations appartenant aux brembi, aux semailles, moissons et récoltes.

Cette couche défavorisée de la société, à laquelle il faut associer les cadets des lignages, se livrait par ailleurs à l'extraction et au commerce de l'huile et du vin de palme, quand elle ne vaquait pas à la chasse, à la confection des embarcations lagunaires et objets artisanaux, ou encore au transport des marchandises. Enfin, la pêche, grande ou petite, comptait parmi les activités de production dominantes exercées sur les rives des lagunes. Ahizi, Alladian, Odjukru et Eotilé, pour ne citer que ces populations, y excellaient. Les produits de la pêche donnaient lieu au commerce de poissons qui se tenait sur divers marchés, dans les localités situées sur le pourtour des lagunes.

IV. DIVERSITE OU HOMOGENEITE POLITIQUE ET CULTURELLE ?

Les peuples divers, qui habitaient le long du rivage quaqua et sur le pourtour du cordon lagunaire s'étirant entre Lahou et Assinie, s'adonnaient volontiers à la pêche, quelle que soit la forme d'organisation socio-politique à laquelle ils appartenaient. Foncièrement pêcheurs, ils étaient aussi attachés au culte des *bosson*, dieux d'eau : tels étaient les traits caractéristiques, fondements d'une certaine identité du riverain côtier ou lagunaire : Ahizi, Avikam, Alladian, familiers de l'océan, et Odjukru, Ebrié et Abouré, de l'arrière-pays proche, « enfants de la lagune ». Peut-on, pour autant, induire de ces caractéristiques communes une seule et unique organisation socio-politique renfermant tous ces peuples, comme l'insinue Dapper ?

Celui-ci, parlant de la côte des *Quaqua*, mentionne l'existence du roi Sacoo jouissant d'un pouvoir centralisé s'étendant sur toute la côte des *Quaqua*. Toutefois, la tradition alladian ignore tout d'une autorité politique centrale. Le même Dapper parle aussi de relations commerciales avec la Côte de l'Or, « qui n'ont laissé, nous apprend Marc Augé, aucun souvenir en pays alladian »[12].

A ce propos, une précision mérite d'être soulignée relativement à *l'autorité culturelle* du chef de Grand Jacques. L'autorité de celui-ci semble, en effet, s'être étendue en pays alladian sur plusieurs villages, en tant qu'autorité religieuse, liée au culte de la mer. De ce point de vue, elle n'apparaît pas différente de celle du roi dont parle l'auteur, "grand magicien et prêtre de la mer". Il semble que l'autorité dont jouit le chef de Grand Jacques, également d'essence religieuse, se soit étendue à tout le trafic qui s'opérait en ces lieux avec les navires européens.

---

[12] M. Augé, *op. cit.* p. 32.

Cependant, la côte des Quaqua, telle que dépeinte par Dapper, déborde largement l'actuel littoral alladian; la "côte des cinq bandes" correspond au littoral de Grand Bassam, et il est curieux que Dapper puisse présenter tout cet ensemble comme politiquement et culturellement homogène, alors qu'il est vraisemblable qu'il existe, dès cette époque, des groupements beaucoup plus diversifiés. Il est même difficile d'admettre, comme le fait Y. Person dans sa communication, *"Enquête d'une chronologie ivoirienne"*[13], que le qualificatif de "Quaqua" puisse s'adresser exclusivement aux seuls Avikam et Alladian.

V. IDENTITE DES POPULATIONS

Qui étaient, aux XVIIe et XVIIIe siècles, les populations de la côte des *Quaqua* ? Peut-on aujourd'hui les identifier ? Recourons à l'hypothèse de peuplement du rivage ivoirien du Pr. Adu Boahen. Selon l'historien ghanéen, les ancêtres des Akan, dans leur migration d'est en ouest, ne seraient pas allés au-delà de l'extrémité ouest du cordon lagunaire ivoirien, la fin de la navigation ou de la marche le long de la lagune constituant un obstacle majeur à leur progression. A partir de ce point extrême de leur progression, poursuit-il, la migration des pré-Akan aurait connu un mouvement de reflux d'ouest en est, au cours duquel certains éléments auraient essaimé le long de la route, fournissant ainsi le noyau des peuples qui sont aujourd'hui qualifiés de *lagunaires*.

Cette hypothèse, malgré ses insuffisances, en particulier de datation, trouve confirmation dans la tradition orale sur le peuplement, recueillie en pays

---

[13] Cf. *The Historian in Tropical Africa. Studies presented and discussed at the fourth international African seminar at the University of Dakar,* 1964.

alladian et ahizi. On découvre, en effet dans *le Rivage alladian* de M. Augé, les mêmes références de tradition orale :
> Du point de vue historique, on se trouve, au terme des enquêtes locales, en face de trois hypothèses: un seul groupe serait venu de l'Est, un seul groupe serait venu de l'Ouest, deux migrations d'origines différentes se seraient succédé et se seraient rencontrées dans la région lagunaire.

Marc Augé conclut:
> Il faut remarquer que la version d'une seule migration commune aux futurs fondateurs d'Abra, Grand Jacques, Audouin et Petit-Bassam, n'est nulle part soutenue.

On peut supposer que des *éléments akan*, venus de l'Est, s'établissent le long du cordon lagunaire ivoirien, s'allient à des *éléments d'origine krou*, venus de l'Ouest, pour donner naissance aux populations des lagunes actuelles. L'hypothèse serait vérifiable au niveau de certaines fractions de populations Aïzi dont l'origine « dida » n'exclurait pas une origine « akan »[14]. M. Augé, après avoir mûri ces diverses versions sur les origines des Alladian, conclut :
> Sans doute peut-on pourtant tenir pour à peu près assurée, outre l'origine orientale d'au moins une partie des Alladian, l'existence d'un ou plusieurs mouvements migratoires ouest-est[15] qui en tout état de cause (...) peuvent avoir entraîné un certain nombre de groupements différents.

Ce point de vue confirme deux vagues migratoires de provenances opposées : l'une d'origine orientale, donc

---

[14] Voir entre autres à ce sujet les récits de tradition rapportés par Pete Eric, « Les Aïzi et la formation d'une ethnie lagunaire de Côte d'Ivoire du XIIIe siècle à 1910 », *thèse de doctorat unique*, 2 tomes, Université de Cocody, 2010.

[15] Version qui ne contredit nullement celle du périple lagunaire.

akan, et l'autre d'origine krou, en provenance de l'ouest. Si la double origine des populations de la côte des Quaqua, semble établie, nous en sommes néanmoins toujours réduits à des hypothèses quant à la période de mise en place des sociétés lagunaires : quand Akan et Krou donnent-ils naissance aux « lagunaires » ?

VI. PERIODE ET DUREE DE LA MIGRATION DES POPULATIONS

Répondant à cette préoccupation, le professeur Y. Person avance avec beaucoup de précautions la date approximative de la fin du XVIe siècle:

> Au-delà de la période couverte par le canevas des classes d'âge, les traditions d'origine des lagunaires restent assez précises mais sont impossibles à dater, en l'absence de tout recoupement. Il semble qu'elles remontent jusqu' à la fin du XVIe siècle[16].

Que révèlent à ce sujet les traditions orales ? Marc Augé s'en faisant l'écho, note dans les traditions recueillies auprès des Alladian, un point de repère historique fort lumineux :

> S'ils ne furent pas les premiers sur la côte de Guinée, les marins de Dieppe n'eurent peut-être pas de prédécesseurs sur le littoral alladian; une tradition unanime fait en effet des « Diobois » et des « Kichi » (Portugais) les premiers Européens arrivés dans la région[17].

Nous pouvons en conclure provisoirement que les Alladian, en tant que peuple constitué, connurent les Dieppois et les Portugais. Or, il est avéré aujourd'hui - même si l'arrivée des Dieppois avant les Portugais sur les

---

[16] « En quête d'une chronologie ivoirienne », *op. cit.* p. 135.
[17] M. Augé, *op.cit.* p. 33.

côtes du golfe de Guinée est douteuse - que les Portugais gagnent la Basse-Guinée et parviennent jusqu'au Cap Sainte-Catherine dans la période de 1462-1475[18]. On peut donc reculer l'existence des Alladian d'un siècle, de la fin du XVIe siècle au début du XVe siècle, si toutefois l'on accorde foi aux traditions de ce peuple[19]. Après avoir été longtemps située entre le XVIIe et le XVIIIe siècle, la mise en place des sociétés lagunaires ivoiriennes vient d'être mise en cause, dans sa chronologie, tout au moins, par les recherches récentes, en particulier celles effectuées par H. Mémel-Fotê sur les Odjukru et Henriette Diabaté sur les Alladian. Se fondant sur l'étude du système des classes d'âge en pays odjukru, Memel-Fotê parvient à établir une liste de générations dont la première remonte dans le temps au XVe siècle. De ce postulat, il conclut que la société odjukru serait déjà en place à cette date. Henriette Diabaté établit à son tour, grâce à une analyse comparée de plusieurs récits de tradition orale, à l'installation des Alladian sur le rivage côtier, au plus tard au début du XVIe siècle.

Ces hypothèses demanderaient certes à être confirmées. Mais, pour l'heure, peut être tenue pour vraisemblable l'installation des Odjukru et des Alladian sur leur site actuel, depuis le XVe siècle. De même, il est plus que probable qu'Agoua de l'est et Magwé[20] de l'ouest

---

[18] *Ibid.* p. 30

[19] Outre les Alladian et les Avikam dont il a été ici longuement question, il existerait d'autres peuples dont il ne sera mention que de leurs noms, il s'agit des Abouré, des Ebrié, des Eotilé, et des Adyukru, tous peuples lagunaires de la Côte des Quaqua. Pour leur étude complète, se reporter à H. Diabaté, « les Anyi du Sanwi », *thèse d'Etat*, éditée sous le titre « Le Sanvi un royaume akan (1701-1901), 2 tomes, Cerap, Ird, karthala, Abidjan-Paris, 2013.

[20] Cf. Antoine Tety Gauze, « Histoire des Magwé », texte annoté, présenté et illustré par Gbagbo Laurent, numéro spécial *Godogodo, Revue de l'IHAAA*, Abidjan 1982.

constituant le socle ancien de ces populations et de tous les autres groupes, immigrés tardifs du bassin lagunaire (Avikam, Ahizi, Ebrié, Akyé et Abouré), soient déjà en place, longtemps avant cette date.

Il n'est cependant pas inutile d'insister sur le fait suivant : avant l'arrivée des groupes immigrés qui accélèrent le peuplement de la région lagunaire, celle-ci était déjà habitée. Ces anciens habitants, mentionnés par les premiers écrits européens, ont disparu, d'autres existent encore, mais sont réduits à l'état de reliques ou sont assimilés, sinon en voie de l'être, par les groupes immigrés, venus d'ailleurs. Au moins, une dizaine d'ethnies ont primitivement occupé les pourtours des lagunes et les forêts adjacentes. On peut citer les Adiaké de la région du même nom, les Eotilé, les Compa des écrits européens, qui ne sont autres que les populations agoua de la partie nord des lagunes Aby, les Brékégonin du village de Brékégon aujourd'hui disparu, dont l'emplacement serait occupé par Adiapo sur l'axe Abidjan-Dabou, ancêtres des Ebrié actuels.

A ce premier groupe de populations anciennes de l'Est ivoirien, il faut associer les populations autochtones qui vivaient, elles aussi, le long du cordon lagunaire occidental de la Côte d'Ivoire : les Kotrowou, assimilés par les Godié de Fresco ; les Zéhiri de Kpandadon, l'un des quartiers de Grand-Lahou, qui passent pour être les premiers occupants de la presqu'île avikam ; enfin, les Ega ou Dyè dont le territoire remonte jusqu'à la hauteur de la zone de Divo.

Ce sont là quelques-unes des populations anciennement installées le long du rivage quaqua et de son arrière-pays, au dynamisme remarquable, qui s'adonnaient à la production agricole et aussi au commerce, et qui nouent des relations avec les premiers Européens abordant ce rivage.

CHAPITRE II

LA CÔTE DE L'OR

S'étendant sur près de 450 kms entre Assinie, situé à son extrême-ouest, et l'embouchure de la Volta à l'est, la Côte de l'Or est parcourue sur toute sa longueur, tantôt de promontoires, la plupart rocheux, surmontés de forts, tantôt de baies à l'embouchure des cours d'eau servant d'abri aux navires. La forêt, dominante à l'intérieur du pays, cède la place à proximité du rivage à une savane herbeuse, à peine boisée. Les ressources de cet environnement d'écologie différente, mais complémentaire, étaient forcément différentes. Le seul point commun, à ce niveau, était la richesse du produit aurifère, fort convoité et principal article offert aux marchands européens. Il en a résulté que cette fraction de côte ait bénéficié d'une documentation européenne plus abondante. Outre les écrits, deux documents cartographiques exceptionnels permettent de se faire une idée des réalités politiques qui ont conditionné les échanges à cette époque: la carte anonyme de 1629 et la carte de 1729, œuvre du sieur d'Anville. La première nous servira de document de base pour établir l'existence des premières entités politiques de la région. Quant à la seconde, établie un siècle plus tard, elle servira comme un élément d'appoint pour étayer ce que nous révèlent les récits de tradition orale sur la présence des nouveaux Etats qui font ultérieurement leur entrée sur la scène politique.

La Carte hollandaise de Mouri (1629)

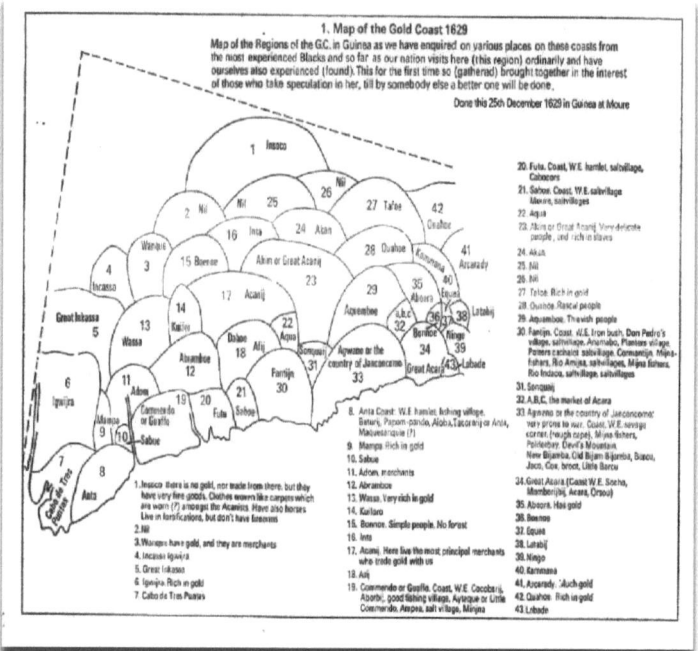

Source : Luepen, *Collections*, n° 743, 25 déc. 1629. Reproduction de K.Y. Daaku et A. van Dantzig « An Annotated Dutch Map of 1629 », *G.N.Q*, 9 (1966).

I. LA CARTE HOLLANDAISE DE 1629 [21]

Plutôt que de carte, il conviendrait de parler de schéma qui tente de donner une représentation simplifiée et figurée, mais précieuse, sur l'emplacement géographique des premières entités politiques connues de la région, et sur la vocation particulière de chacune d'entre elles.

A. Quels sont les Etats ?

La « carte » date de façon précise du 25 décembre 1629. Son auteur, anonyme hollandais, avait séjourné dans le fort de Mouré (Mouri), situé à 18 km de St Georges d'Elmina, où les Hollandais étaient installés depuis 1612. Cette carte s'offre comme la première tentative européenne connue de présentation systématique de tous les Etats côtiers et de l'intérieur, compris entre le cap des Trois Pointes et la région située un peu en deçà de la Volta. Les informations, certes, précieuses sur les Etats africains, partenaires commerciaux, sont loin d'être cependant exactes dans leur totalité. Ces informations sont, en général, des compilations obtenues auprès des partenaires commerciaux occasionnels. Il faut donc les considérer comme telles, approximatives, avec quelquefois des erreurs et aussi des lacunes manifestes. Certains pays ou royaumes, non mentionnés, qui apparaissent sur les cartes ultérieures, ont pu préalablement exister, sans être toutefois connus en 1629.

---

[21] La carte, dressée à Mouré (Mouri) se trouve aujourd'hui classée à la Bibliothèque Royale de la Haye, collection Leupen, sous le n° 743. Elle a été publiée, accompagnée de la traduction en anglais de ses annotations succinctes par K.Y. Daaku et A. Van Dantzig, sous le titre de "An annoted Dutch map of 1629" dans *Ghana Note and Queries* (1966), IX.

B. Quelques observations sommaires extraites de la carte

L'examen de la carte permet de relever les observations suivantes :

1) Huit Etats côtiers sont ici rapportés, qui sont d'anciens partenaires commerciaux, préalablement connus des marchands réguliers et des interlopes européens. Ce sont: Axim, Ahanta, Eguafo, Fetu, Sabu, Agona, Accra et Labade, préalablement mentionnés pour la plupart par de Marées en 1601[22]. Ainsi donc, à l'arrivée des Portugais, le littoral de la Côte d'Or présente une physionomie très fragmentée, composée d'une multiplicité d'entités politiques, indépendantes et différentes les unes des autres par la taille, mais semblables quant aux institutions politiques et sociales: un roi à la tête de chaque communauté politique, autour de lui des membres de sa famille et autres dignitaires de sa cour ainsi que des marchands, choisis dans le peuple, fréquentant régulièrement les comptoirs européens dont, particulièrement le comptoir de Sâo Jorge da Mina.

2) Au-delà des huit Etats côtiers, nous découvrons l'existence de vingt-neuf (29) autres Etats, situés à l'intérieur des terres, dont les plus importants sont les suivants: Igwira, Inkassa, Wassa, Wanqui, Bono, Twifo, Akani, Akwamu, Qahoe, Inta et Insoco.

3) Deux de ces Etats (ou royaumes) intérieurs: l'Akyem (Akim) et l'Akwamu vont s'étendre et connaître une destinée extraordinaire, au cours du XVIIe siècle[23]. Mais il en émerge bien d'autres, à partir de la deuxième moitié du XVIIe siècle, dont l'existence ne fut pas ignorée de nos auteurs, notamment du géographe français, J.B.

---

[22] Pieter de Marées demeure la source de base des auteurs hollandais: Dapper, Bosman et Barbot.
[23] Voir carte de 1729.

d'Anville. Révélons, à grands traits, l'essentiel de ce qui caractérise quelques-uns des Etats les plus importants de l'époque.

II. LES GRANDS ETATS DE LA PERIODE

A. L'Akyem (Akim)

L'Akyem, le premier de ces Etats, figurait déjà sur la carte de 1629. Il jouissait, à cette date, d'une très bonne réputation auprès des Européens. Il était reconnu comme "étant une nation extrêmement bienveillante, de rapports délicats et faciles, regorgeant d'esclaves"[24]. Les Européens savaient aussi dès cette époque que, bien que l'Akim fût une nation à vocation marchande, elle n'avait pas accès à la côte. Le plus loin où pouvaient aller ses marchands se limitait à l'Etat dénommé ABC (Abonce) qui n'était autre que le marché d'Accra. Par ailleurs, les limites territoriales de l'Etat d'Akim n'étaient pas déterminées, ceci jusqu'à la fin du XVIIe siècle. Ainsi, Barbot prétendait que les limites de cet Etat confinaient avec l'Afrique du Nord[25].

Bosman qui ne semble pas partager ce point de vue et qui demeure tout aussi perplexe sur l'étendue réelle du royaume, se contente d'avancer, sans aucune précision, que l'Akim ne fait point frontière avec le pays mandingue. Bref, toutes ces assertions laissent deviner l'ignorance dans laquelle se trouvaient les Européens vis-à-vis des Etats de l'intérieur de la Gold-Coast.

---

[24] *Ibidem.*
[25] Voir K.Y. Daaku, *op. cit.* p. 145: "Barbot asserted that it extended far inland to the North Africa" (1732).

B. L'Akani

Leur ignorance était particulièrement grande vis-à-vis de cette réalité, l'Akani, qu'ils avaient assimilé à un Etat.

1. L'Etat imaginaire de l'Akani

De tous les Etats de l'intérieur, il en existait un qui était universellement connu et apprécié de tous les marchands de la côte; il s'agissait de l'Etat d'*Akani* (Accany, Hacany, Acany, Acames). A partir de la deuxième décennie du XVIe siècle, les Portugais prennent l'habitude d'envoyer régulièrement des présents à un certain Roi de l'Akani et aux autres rois de l'intérieur afin de les disposer favorablement à leur égard dans les échanges commerciaux. Les autres puissances européennes ne tardent pas à suivre leur exemple. En effet, le soi-disant Etat d'Akani était réputé pour la pureté de son or et la délicatesse de ses marchands. Ceux-ci, fort actifs, parcouraient tous les centres commerciaux de l'intérieur pour échanger les marchandises d'importation, et particulièrement les habits faits de coton local contre l'or. Sur la Côte de l'Or, ils étaient de loin les plus gros exportateurs d'or. Cet or était fin, pur, sans mélange, au point que Akani était devenu synonyme de *Sika* ou *Chica*, c'est-à-dire de l'or.

L'importance des échanges commerciaux en provenance des Etats de l'intérieur, désignés sous le nom d'Akani, a contribué fortement à accréditer la réalité politique de cette nébuleuse. En effet, les Européens avaient tendance à désigner tous les commerçants de l'intérieur qui se présentaient sur la côte, entre Winneba à l'est et Shama à l'ouest, comme étant originaires de l'Etat d'Akani, même s'ils provenaient d'Etats fort différents. Mais en réalité, les auteurs étaient incapables de discerner ce qu'était réellement cet Etat. Il suffit, pour s'en convaincre, de jeter un coup d'œil sur la carte de 1629. En effet, tous les Etats situés à proximité du confluent du Pra-Offin-Birim, étaient désignés sous le nom d'Akani.

2. *L'Akani une confédération d'Etats*

En fait, l'Akani du XVIIe siècle n'était rien d'autre qu'une confédération fort lâche de plusieurs Etats apparentés. La région arrosée par les fleuves Pra, Offin, Birim, fut le foyer de plusieurs Etats dont l'Adansi et le Denkyira ne furent pas des moins célèbres. Les Européens de cette époque, sous le vocable d'Akani, terme linguistique, désignaient sans distinction tous les marchands qui descendaient à la côte, quelle que soit leur appartenance, qu'ils soient originaires de l'Adansi, de l'Assin, du Denkyira ou même de l'Inta (Ashanti). En effet c'est de cette zone, foyer de dispersion, que partirent tous les peuples akan dans toutes les directions.

3. *Les raisons de la migration akan*

On peut se demander ce qui poussa ces peuples à quitter l'Adansi et la région du Pra-Offin-Birim. Leur migration est à mettre en relation avec la présence européenne sur la côte, qui introduisit l'arme à feu dans le pays. En effet, jusque dans la deuxième moitié du XVIIe siècle, le nombre d'armes à feu introduites dans le pays était fort réduit. Les Portugais qui y avaient encore le monopole du commerce se gardaient de les vendre, à cause du *veto* pontifical: celui-ci interdisait de vendre les armes à feu et les munitions aux païens et aux musulmans. Les quelques armes qui firent leur apparition dans le pays étaient dues aux interlopes. En 1645, l'inventaire des marchandises débarquées en Gold-Coast ne comportait aucune mention de fusils. La colonne du registre, portant comme « en tête » *munition de guerre*, était vide. Dans les ports de Moure (Mouri) et d'Axim, on dénombrait un total de 75 pièces. Shama et Accra totalisaient, pour leur part 11 mousquets. Les seules armes qui pouvaient être qualifiées d'« offensives » étaient des canifs, des couteaux et des coutelas qui se chiffraient à 13 767 pièces en 1647. Le reste des marchandises était composé de bassines de cuivre, de pagnes imprimés, d'objets de luxe: miroirs, perles, tapis, etc.

Au milieu du siècle, la situation change. Après les Portugais, d'autres nations européennes prennent pied à terre en Gold-Coast. Parmi celles-ci, on distingue entre autres les Hollandais et les Anglais. Les Hollandais se sentaient tenus par le *veto* papal et l'avaient scrupuleusement observé. Ce qui ne fut pas le cas des Anglais qui, bafouant la bulle papale, s'adonnèrent à un trafic poussé et de plus en plus rentable d'armes à feu, au point de susciter quelque appréhension même de la part des Africains. Les commerçants « akanistes » et les chefs des Etats côtiers demandèrent aux Anglais de stopper l'importation des armes à feu, « en dehors de celles dont ils avaient besoin pour leur propre défense »[26].

Malgré cela, le trafic d'armes à feu se poursuit plus fort que jamais. Entre juillet 1658 et novembre 1661, la Compagnie britannique des Indes orientales vendit 5 531 mousquets et une quantité importante de poudre. A la fin du XVIIe siècle, les Africains de la Gold-Coast étaient devenus extrêmement habiles dans le maniement des armes. Bosman rapporte, par exemple, qu'il n'était pas désagréable de voir leurs armées à l'œuvre, tant les hommes étaient habiles, clairvoyants au tir. Il est même rapporté que les forgerons de ces lieux étaient capables de réparer les fusils et les canons endommagés. De même, certains chefs locaux comme les rois d'Asebu, Akwamu, Denkyira, des marchands comme les frères Akrosan, John Kabes, John Konny possédaient leurs propres canons.

La diffusion des armes à feu entraîna de profonds changements dans les Etats de l'intérieur qui se jetèrent

---

[26] K.Y. Daaku, *op. cit.* p. 150

avec une avidité plus accrue que les côtiers, sur les armes. Désireux d'accroître leurs échanges avec les Européens, afin de devenir de plus en plus puissants et de pouvoir dominer leurs voisins, ils eurent tendance à rompre les anciennes alliances et à vouloir s'imposer aux autres. Ce fut le cas des trois grands empires du XVIIIe siècle, qui apparaissent sur la carte du cartographe français, d'Anville, datant de 1729. Ce sont: l'Akwamu, le Denkyira, et l'Asante.

C. L'Akwamu

Au XVIIe siècle, l'Akwamu s'imposa comme une puissance avec laquelle les marchands européens devaient compter. L'Akwamu contrôla toute la zone de l'arrière-pays d'Accra, s'imposa à l'Etat d'Accra et à ses voisins, devenant ainsi un Etat côtier auquel les Européens versaient régulièrement des rentes. Au départ, en 1629, l'Akwamu était une « peste » pour les marchands européens. Ceux-ci le désignaient sous le nom de « nation déprédatrice »[27]. Cette appréciation était fondée dans la mesure où l'Akwamu, dans son désir de conquête, harcelait les autres Etats, perturbant ainsi le commerce.

Au milieu du XVIIe siècle, l'Akwamu s'était emparé de la plupart des Etats de l'arrière-pays d'Accra, se rendant maître des routes commerciales et des produits véhiculés sur ses routes. L'étendue de son territoire s'étendait au-delà de 200 miles à l'est d'Accra. En 1680, l'Akwamu s'empare de l'Etat et de la ville d'Accra, étant ainsi dire en rapport direct avec les Européens de la côte (Danois, Hollandais et Anglais) auprès de qui il percevait des rentes régulières qui vinrent consolider sa puissance.

A la fin du XVIIe siècle, sa puissance s'affirmait jusqu' à l'est du fort d'Ouidah; les limites nord de son empire

---

[27] Cf. Carte de 1629.

englobaient le Kwahu qui devint un Etat tributaire en 1710. A l'Ouest, il avait soumis l'Agona et avait signé un traité d'alliance avec le puissant Etat Fanti. L'amitié qui le liait à l'empire naissant de l'Ashanti, au nord-ouest de l'Akyem, son ennemi de toujours, lui garantissait toute stabilité sur sa frontière occidentale.

D. Le Denkyira

Il fut l'Etat conquérant du premier royaume akan de l'Adansi (1659) dont il hérita de toute la richesse: de ses mines d'or, de sa pratique administrative et de tout le privilège qui auréolait ce premier Etat. L'agrandissement territorial du Denkyira le conduisit à porter ses conquêtes militaires vers le Nord, c'est-à-dire, les marchés de Bono-Manso et de Bégho, puis à se tourner vers le Sud côtier. Mais bien avant la conquête des pays méridionaux, les marchands denkyira fréquentaient régulièrement le Wassa et l'Assin. Ce qui lui permit de se pourvoir en armes et de combattre les Etats du nord avec une aisance relative, en attendant de soumettre les Etats du sud et de contrôler le commerce côtier. Il soumit, entre autres, le Sefwi (Incassa), le Wassa, l'Aowin et se rendit maître de toutes les voies commerciales côtières, comprises entre Komenda et Assin.

En 1688, il se porta en aide de l'Agona aux prises avec l'Akwamu. Le Denkyira tenta, à la même époque, mais vainement, de s'emparer du Fetu dont la conquête fut achetée à prix d'or par les Européens qui nourrirent quelque crainte pour leurs propres établissements. En 1699, le Denkyira était au sommet de sa gloire et de sa célébrité. Il surpassait tous les autres Etats de la région pour lesquels il n'avait que mépris. Son empire s'étendait entre le Pra et le Tano et se poursuivait à l'est jusqu' au territoire allié de l'Akyem. Au nord, les limites de son empire demeuraient floues, mais elles englobaient une partie de l'Asante. Par ailleurs, il contrôlait les meilleures sources aurifères de l'Assin, Aowin, Sefwi et de l'Asante. En 1701, cet immense édifice, déjà fortement ébranlé par les affrontements antérieurs et les dissensions internes, fut renversé par l'Asante, tard venu sur la côte, mais qui, au dire de Bosman, était plus riche en or que le Denkyira.

E. L'Asante

Le fondateur, Oséi Tutu, avec son ami et conseiller, Komfo Anokye, vivait auparavant à la cour du Denkyira. Il amassa les armes de la côte, avec la complicité des Etats soumis par le Denkyira: Wassa, Assin[28], Twifo, Adom, ruinés par les taxes et les vexations de toutes sortes, exigées par le maître Denkyira. A la bataille de Feyiase, l'allié Akyem, perd au dire de Bosman, 3 000 hommes. Le pays est pillé et mis à sac.

Après la victoire de Feyiase, les Etats tributaires du Denkyira restaient à soumettre. Les anciennes alliances furent renouées entre quelques-uns de ces Etats, quelquefois sur l'initiative des commerçants européens qui désiraient assurer la stabilité et la régularité du commerce. D'autres alliances furent ressuscitées sur l'initiative des peuples africains. Les uns et les autres s'agitaient ainsi, par appréhension de l'Asante.

En 1715, s'ouvrit un long conflit ouvert entre l'Asante et l'Akyem. L'Akwamu prêta main forte à l'Asante, il en fut de même de l'Assin et du Fante qui volèrent au secours de l'Asante. Le système d'alliances fut alors dicté par des objectifs commerciaux. Assin et Akyem, fort intéressés, tous les deux, par le commerce à longue distance, rivalisaient alors. Quant à l'Akwamu, il était guidé par le désir de dépouiller l'Akyem de ses mines d'or. La même

---

[28] Agyensam d'Asin se réfugie à Kumasi et active la haine contre le Denkyira.

année, un second conflit éclata entre l'Asante et l'Aowin pour le contrôle des marchés du Nord, essentiellement de Soco et aussi pour le contrôle des routes qui conduisaient aux établissements européens de la côte.

Bref, le résultat de ce conflit fut catastrophique pour l'Aowin et ses voisins: destruction de plusieurs territoires dont celui d'Awhene Koko, massacre et pillage des Aowin, suivi de l'occupation de leur territoire et des pays voisins jusqu'à Assinie. Ce qui provoqua l'émigration des Aowin et de leurs alliés.

Voilà brièvement présenté le pays de la Côte d'Or, tel qu'il est perçu, ainsi que quelques traits de son histoire à travers les descriptions et les récits des auteurs européens des XVe, XVIe, XVIIe et XVIIIe siècles. Ces documents, y compris la *carte de Moure*, constituent un fonds important et riche, insuffisamment exploité, étant à la fois témoignages et projections de certaines formes de pensée sur le monde exotique que représentait l'Afrique d'alors.

Il en ressort que la région était riche en ressources naturelles, particulièrement en gisements aurifères dont le produit donnait lieu à des échanges avec les comptoirs européens et accessoirement les interlopes qui, progressivement, vont affluer dans le secteur de la Côte d'Or.

Cette activité multiforme, conduite à la fois par des commerçants, mais aussi par des paysans et des pêcheurs, est le signe évident d'une densité de population relativement importante, appartenant à une mosaïque de formations politiques en présence, dont l'équilibre harmonieux conditionnait nécessairement la réussite du commerce européen. Il reviendra aux Européens de savoir gérer, avec diplomatie, une telle situation. C'est ce à quoi ils s'emploieront par une politique de dons et de cadeaux régulièrement distribués aux différents Etats côtiers. Cette même démarche sera suivie dans leurs rapports avec les

Etats de l'intérieur, toujours dans le souci de maintenir l'équilibre des rapports de forces politiques.

Les éléments mandé, autre groupe de populations s'adonnant essentiellement au commerce, étaient massés dans l'extrême-nord de la Côte d'Or, en différentes communautés, comme à l'affût, prêts à prendre la direction du littoral, attirés par les étoffes et autres articles de commerce d'origine européenne. Les tissus, en coton, en soie ou en laine, avaient déjà fait leur entrée au Mali, par le biais des caravanes du nord ou en provenance des comptoirs portugais, précédemment établis sur les côtes mauritaniennes et sénégambiennes. Les communautés *dyula* avaient, depuis la fin du XIVe siècle, investi successivement les zones de Bole dans le Gonja, de Bono-Manso et particulièrement de Begho qu'ils avaient transformé en un centre commercial prospère et déjà célèbre au XVe siècle dans tout le Soudan. On doit cependant admettre que la quête de l'or et, accessoirement, celle du cola avaient conduit ces différentes communautés dyula dans ces contrées éloignées de leur pays d'origine. Dans leur entreprise commerciale, ils s'appuieront fortement sur les Ligbi et les Hwéla, respectivement extracteurs d'or et orfèvres, deux autres communautés devancières, venues, elles aussi, du Mali natif, et établies depuis longtemps dans la région, probablement un ou deux siècles avant leur arrivée.

C'est dans cette région côtière, longtemps considérée, à tort, comme un cul-de-sac, que se rencontrent ces divers peuples, venus de l'Afrique profonde, mais aussi de l'Europe, parlant des langues et appartenant à des cultures et à des civilisations extrêmement différentes. C'est là qu'ils se côtoient, se frottent, échangent, coopèrent et font de ce bout de terre africaine un carrefour d'échanges fort actif, du XVe à l'extrême fin du XVIIIe siècle.

Mais de quoi ont été constitués en réalité les produits de leurs échanges au cours de ces trois siècles de contact ? Quels effets économiques, mais aussi quelles transformations socioculturelles les échanges commerciaux ont-ils entraînés pour la région ? Autant de questions soulevées auxquelles le lecteur est en droit d'attendre des réponses. L'intérêt suscité pour une meilleure connaissance de cette tranche de l'histoire africaine pendant laquelle Européens et Africains, venus d'horizons différents, se rencontrent pour des échanges aussi précoces dans le temps, paraît totalement légitime. L'objectif de tenter de combler quelque peu cette lacune d'informations n'est donc pas absent dans les chapitres subséquents de la deuxième partie de l'ouvrage, dont le but ultime est d'abord de conduire le lecteur à mieux se familiariser avec les principaux partenaires commerciaux.

DEUXIEME PARTIE

LES PARTENAIRES COMMERCIAUX

Avant l'arrivée des Européens sur cette côte, le commerce y jouait déjà un rôle particulièrement actif et prospère auquel participaient les commerçants africains, autochtones ou venus de la région soudanaise, habituellement connus sous la dénomination de dyula (commerçants). A ces premiers partenaires d'origine africaine, s'ajouteront les Portugais, puis les autres commerçants de nationalité européenne : Hollandais, Anglais, Français et autres, y faisant leur apparition, à la suite des Portugais.

Entre ces partenaires commerciaux venus d'horizons différents se nouent des liens d'échanges fort actifs, fondés à l'origine sur les transactions de l'or et autres produits locaux contre les tissus et articles de consommation, mais aussi des matières premières et des instruments de production, importés en quantité de plus en plus importante, dont le rôle économique ne fut pas négligeable au cours des siècles.

CHAPITRE III

LES COMMERCANTS AFRICAINS

En provenance de l'ancien Mali et accessoirement du Nigeria, les marchands soudanais, connus aussi sous le nom de dyula ou wangara, parviennent dans le nord du Ghana actuel, précisément dans la région de Bono-Manso et de Begho, probablement dès le début du XVe siècle, en attendant de descendre plus au sud, vers les pays forestiers et, au-delà, jusqu'au rivage marin. Ce sont ces marchands soudanais qui initieront aux échanges commerciaux les populations locales, majoritairement composées d'Akan. Il y a donc lieu de distinguer, parmi les Africains qui se livrent au commerce, les marchands soudanais venus du Nord et les marchands locaux, d'origine akan ou proches des Akan.

I. LES MARCHANDS SOUDANAIS

Longtemps, avant les Européens, les marchands soudanais s'étaient lancés à l'assaut de la Côte de l'Or, probablement au début du XIVe siècle, à la période de la prospérité du Mali. Les marchands « wangara », originaires du Mandé, seront certes les principaux animateurs du courant commercial. Mais il ne faut pas oublier les marchands haoussa qui, sous l'instigation des Wangara, seront à l'origine d'un second courant d'échanges en provenance du Nigeria actuel. Sous le règne du *sarki* Dauda au début du XVe siècle, la chronique de Kano signale l'existence d'un échange commercial entre le nord du Nigeria et *le pays de l'or*. Sous les règnes de ses successeurs, les rapports commerciaux entre les deux régions, dont témoigne un peu plus tard en 1513 Léon l'Africain, s'intensifient pour la prospérité de Katsina et du Bornou voisin.

Les marchands soudanais n'avaient qu'un seul objectif, acquérir les produits dont leurs pays respectifs avaient besoin pour la consommation et les échanges lointains entretenus avec le Maghreb et l'Egypte. Deux des trois principaux "*produits*" qui alimentaient les échanges du Mali, provenaient, partiellement, de la Côte de l'Or et des régions limitrophes: il s'agit de l'or et du cola. Quant au troisième produit, les esclaves, exportés en grand nombre vers l'Afrique du Nord et le Moyen-Orient, il semble que le Mali se soit adressé aux pays du sahel et aux pays de savane limitrophes de la Côte de l'Or. Car, l'activité commerciale, fondée sur l'or et le cola, qui exigeait comme condition fondamentale la paix et la sécurité, était absolument incompatible avec les razzias et la guerre, productrices d'esclaves. Ainsi, les rafles d'esclaves n'ont, en rien, contribué au mouvement d'expansion en direction de la Côte de l'Or.

En revanche, le cola et l'or, produits rares et extrêmement recherchés, auxquels il faudra ajouter plus tard les articles européens, ont été à l'origine de la sollicitation mandé et haoussa vers la côte de l'Or et les pays limitrophes. Ainsi donc, les marchands soudanais ou plus exactement maliens ont-ils été, parmi les Africains, les premiers partenaires commerciaux des Européens installés sur la côte. Quels sont les autres partenaires commerciaux africains qui s'insèrent dans ce réseau commercial ?

II. LES ACCANISTES

Outre les Mandingues, les autres agents du commerce intérieur s'identifient aux peuples akan de la zone, désignés sous le nom d'« Accanistes » par les documents européens de l'époque. Mais qui sont-ils précisément ?

Pacheco Pereira, gouverneur d'Elmina, au début du XVIe siècle, nous les désigne: *« Ce sont, dit-il, les Assin, les Adansi et les Akyem »*. En fait, le terme *« Accanistes »*- répétons-le - utilisé par les Européens pour désigner les marchands de l'arrière-pays côtier, ne s'adresse pas à une catégorie de citoyens, originaires d'un Etat (royaume) précis, mais à l'ensemble des marchands de langue *twi*, liés par un certain nombre de traits culturels dont la langue, et qui se livrent au commerce en tant qu'activité dominante. Ils se distinguent ainsi des marchands maliens dont le contact fut extrêmement profitable aux *Accanistes* dans le choix de leur métier.

En effet, c'est à leur contact que les Akan prennent conscience des avantages que leur vaut leur position d'intermédiaires entre la côte et le pays de la savane. Progressivement, ils vont barrer aux *Dyula* l'accès de leur territoire et le chemin des établissements européens. Au XVIIe siècle, les « *Accanistes* » ou « *Batafwo* » (*Abatafo*) qui ne sont autres que les commerçants akan, exercent une sorte de monopole sur le commerce intérieur. En 1659, le directeur hollandais, Valckenburg, écrit dans un rapport adressé à la WIC:

> Ces gens sont ceux qui, depuis longtemps déjà, ont annexé le trafic de l'or tout au long de la côte, depuis le château de la Mine jusqu'à Cormantin, et ils sont en mesure d'en évincer leurs voisins, en sorte que l'on ne traite qu'avec eux, que ce soit à la Mine, à Cabo Cors ou à Cormantin.

A. Les « batafwo »

Les *Batafwo* ou commerçants d'origine akan ne se sont pas imposés sans mal. Il leur a fallu éliminer, par exemple, les Etsi, fraction du peuple Guan, précédemment installés dans la région côtière, avant l'invasion akan. Ainsi, écrit Abramz, commis hollandais de la WIC:

> Atty ... avant que ces nègres fussent dépendants de ceux d'Acanie, ils trafiquaient avec les Hollandais, mais les Accanistes ont gardé leur négoce pour eux et les ont réduits à labourer la terre[29].

C'est au cours du XVIIe siècle que les *Batafwo* parviennent à triompher de tous leurs concurrents. A la fin de ce siècle, ils fournissent les 2/3 de l'or livré aux Européens et ils sont présents dans toutes les localités portuaires: Shama, Commendo, Cape-Coast, Mori, Anoumabo, etc.

Au plan économique, ce ne sont pas de petits personnages; ils font transporter leurs achats par des caravanes d'esclaves dont l'effectif moyen paraît s'être accru rapidement: de 20 ou 30 en 1601, il passe à 150 ou davantage en 1614, et de 2 à 300 vers 1640. La troupe est conduite par un « grand caboceer » ou par un captif de confiance. A chacun de leurs voyages sur la côte, ils apportent de grosses quantités d'or: 60, 70 ou même 100 livres, selon Samuel Brun.

L'acheminement du métal jaune et des marchandises acquises en contrepartie n'est pas une entreprise de tout repos. Le transport, se faisant exclusivement à « tête d'homme », exige la mobilisation de porteurs dont le

---

[29] Rademacher Arch. (ARA), n° 587, "D.G. Abramsz à l'Assemblée des Dix, 23 novembre 1679", in A. Van Dantzig, *Dutch Documents relating to the Gold coast and slave Coast*, Legon

nombre croît au fil des siècles ; les « routes », qui ne sont en réalité que des pistes, fort accidentées par endroits, sont impraticables en saison de pluie ; de surcroît on n'y circule qu'en file indienne ; enfin, la sécurité n'y est pas toujours assurée, le brigandage sévissant sur plusieurs tronçons du parcours.

Quels rapports les Accanistes entretiennent-ils avec les peuples et les Etats du littoral ? Les rapports avec les peuples et les Etats côtiers n'ont pas toujours été aisés et ont revêtu deux formes différentes. A l'est, le roi d'Accra interdit l'accès du rivage aux commerçants de l'intérieur: les marchands venus de l'Akwamu sont contraints de s'arrêter au marché d'Abonze, installé à deux heures d'Accra, où ils sont accueillis trois fois par semaine. A l'autre extrémité de la Côte d'Or, le roi d'Assinie se conforme aux mêmes règles: il s'arroge le droit exclusif de traiter avec les Blancs, et c'est à lui que les populations situées au nord doivent s'adresser pour écouler leur ivoire et leur or et s'approvisionner en marchandises européennes.

En revanche, sur la partie centrale de la côte, les souverains autorisent les commerçants akan de l'intérieur à entrer directement en relation avec les Européens, mieux, ils leur permettent de s'établir à demeure sur le rivage, eux, femmes et enfants ainsi que leurs esclaves, louant des maisons dans les localités déjà existantes ou fondant leurs propres villages. Toutefois, ils maintiennent avec leur patrie des liens étroits : ils y envoient pour leur propre compte des marchandises achetées sur le littoral et jouent, auprès de leurs compatriotes en déplacement sur le rivage, le rôle de courtiers. Aussi, donne-t-on souvent à l'accaniste installé sur le rivage le « titre de capitaine des marchands ». Il tire avantage et profit sur ces transactions malgré les prélèvements et redevances exigés sur les achats par les rois des Etats côtiers.

B. Les « princes-marchands » d'Assinie

Aux deux extrémités de la côte, à Accra et à Assinie, les monopoles institués par les autorités politiques sont source de bénéfices encore plus énormes. A accra, selon certaines de nos sources, lorsque les marchandises acquises dans les comptoirs sont revendues aux marchands de l'intérieur qui n'y ont pas accès, ceux-ci « paient souvent ce qu'ils achètent au double de sa valeur »[30]. Par cette pratique, le roi d'Accra engrange souvent des gains fort substantiels. Mais c'est sur la partie occidentale de la côte, du côté d'Assinie, que naît une catégorie de commerçants, proches socialement des grands commerçants accanistes de la partie centrale de la Côte de l'Or. Ils constituent une corporation très fermée, à laquelle ne peut adhérer que celui qui possède biens et fortune. En effet, le titre de marchand s'acquiert ici à prix d'or, et à la suite d'une cérémonie fort coûteuse, au cours de laquelle l'initié est coopté « marchand » avec, en plus, le titre honorifique de « caboceer ». Le commerce est-il ainsi un monopole, jalousement préservé.

C. Rois et Etats de la côte et de l'arrière-pays

Sur le plan politique, ces marchands akan semblent entretenir, avec les rois et les chefs des contrées dont ils sont originaires, des liens étroits dont il est cependant difficile de préciser la nature. Dès l'époque portugaise, ils sont souvent accompagnés, dans leurs expéditions, par des proches du souverain. Un siècle plus tard, le chef des commerçants akan, établi à Mori, est nommé par les « caboceers en Accany ». Bien que nous n'en ayons pas, pour cette période, la preuve formelle, l'on est tenté de considérer que, pour les royaumes de l'intérieur, le

---

[30] J. Barbot, *op. cit.* p. 184.

commerce est déjà d'une certaine manière une « affaire d'Etat », dans laquelle les autorités politiques en place jouent un rôle majeur. Rappelons à cet égard que, dans les zones aurifères, les rois sont propriétaires d'une partie au moins des gisements. P. de Marées l'affirme de façon explicite :

> J'ai entendu d'aucuns Negros que chacun Roy a ses mines et y fait tirer l'or par ses gens, et qu'il négocie le dit or à d'autres marchands, et qu'il vient ainsi de mains en mains jusques ès navires hollandais.

Par ailleurs, les rois prélèvent la 1/2 de l'or extrait sur leur territoire. Enfin, une partie importante des taxes et des amendes, prélevées sur le commerce de l'or, leur est versée en poudre d'or. Ainsi, les rois prennent au trafic une part prépondérante et peuvent-ils être comptés comme une catégorie autonome, parmi les partenaires commerciaux africains, à côté des Soudanais et des *batafwo* akan.

Sont aussi impliqués indirectement dans le commerce les Etats dont les rois et les sujets s'intéressent aux échanges avec les Européens de la côte: ce sont, d'une manière générale, les Etats côtiers et les Etats de l'arrière-pays immédiat, auxquels il faut ajouter explicitement le Denkyira et l'Asante qui n'émergeront, en tant qu'Etats, que bien plus tard, à partir de la seconde moitié du XVIIe siècle. Ces Etats, dont la plupart étaient connus des Portugais, sont mentionnés sur la carte hollandaise de 1629, dressée à Mouri.

CHAPITRE IV

LES PARTENAIRES COMMERCIAUX EUROPEENS

La ruée sur le golfe de Guinée (Côte de l'Or et Côte des Quaqua) est le fait de la quasi-totalité des nations européennes, au cours des trois siècles couverts par notre étude (XVe -XVIIIe siècles). Grâce aux travaux de Blake, Daaku et Van Dantzig entre autres, les causes, les modalités et les étapes de l'investissement européen du littoral sont suffisamment connues pour nous éviter d'y insister. Qu'il nous suffise de rappeler quelques faits saillants. Mais, auparavant s'impose une remarque de taille, que le lecteur se doit d'avoir constamment à l'esprit lorsque nous parlons de nationalités européennes.

Durant ces siècles, antérieurs à la colonisation, les appellations nationales (Français, Anglais, Hollandais et bien d'autres) n'étaient le plus souvent que de simples étiquettes indiquant les compagnies sous les drapeaux desquelles opéraient les agents. Ainsi, un Anglais, travaillant pour la WIC, Compagnie néerlandaise des Indes occidentales, est considéré comme Hollandais par les Anglais de Cape Coast ; de même un Hollandais au service de la Compagnie royale africaine, de nationalité britannique, est considéré comme Anglais par les Hollandais d'Elmina. Les nations européennes, présentes sur la côte, n'avaient pas vocation de construire un Empire et d'imposer le gouvernement de leur pays. Les compagnies avaient pour unique but de pratiquer le commerce dans les forts ou à bord des vaisseaux, et accessoirement de convertir à la foi chrétienne les autochtones avec qui ils étaient en contact.

La concurrence entre les différents acteurs commerciaux sera âpre, tout au long des siècles, tout particulièrement au XVIIIe siècle entre partenaires européens. Mais qui sont-ils ?

I. LES PORTUGAIS

Les premiers à tenter l'aventure africaine sont les Portugais. Ils débarquent, en 1471, à Shama (Côte de l'Or), premier lieu de traite portugaise sur cette fraction du golfe de Guinée, après une longue période d'incubation d'environ cinquante ans. C'est, en effet, en 1419 que l'Infant, Henri le navigateur, retiré dans son château de Sagres, lance ses premières expéditions en direction des côtes africaines. Ayant franchi le cap Bojador en 1434, les Portugais parviennent sur les côtes mauritaniennes et sénégalaises quelque dix années plus tard ; les premiers trocs effectués dans la baie d'Arguin et au cap Blanc remontent en 1445. Les plus hardis parmi eux poussent l'exploration jusqu'aux côtes de la Sierra Leone, voire plus loin au *Bosque de Santa Maria* (la forêt très grande et formée de grands arbres), c'est-à-dire là où commence l'échange de la Malaguette, entre 1461-1462[31].

Après une période de répit, due essentiellement aux difficultés de trésorerie que traverse momentanément la Couronne portugaise, la poursuite de la découverte des côtes africaines reprend à une cadence accélérée à partir de 1470. Cette année-là et une année plus tard en 1471, sont explorés successivement et à deux reprises, d'abord

---

[31] J. Bato'ora Ballong-Wen-Mewuda, *Sao Jorge da Mina 1482-1637*, Lisbonne-Paris 1993, tome 1, p.45.

par le navigateur Soeiro da Costa, puis par deux jeunes chevaliers, Joan de Santarèm et Pêro Escobar : la côte de la Malaguette, le Rio Mayo et le Rio Soeiro (c'est-à-dire toute la Côte des Quaqua) jusqu'au-delà du cap des Trois Pointes. Les marins portugais abordent, non loin de ce cap, le Rio Sao Joan (l'actuel Prah au Ghana), à l'embouchure de laquelle ils découvrent un village nommé Shama en plein cœur de la Côte de l'Or.

A. Les motifs de l'aventure portugaise

La littérature, sur les motifs de cette entreprise colossale, est suffisamment connue pour nous dispenser de nous y arrêter. Permettons-nous simplement de rappeler les motifs de conversion religieuse qui animaient à l'époque l'Europe - prendre à revers l'islam implanté sur les marges septentrionales de l'Afrique et au Soudan, découvrir le royaume du "fameux" prêtre Jean - ainsi que la curiosité scientifique et technique, fort légitime pour un esprit aussi éclairé que l'Infant Henri, sans omettre pour autant les mobiles économiques qui, dans le cas du golfe de Guinée, semblent avoir été prédominants auprès des Portugais.

En effet, cette fraction des côtes africaines venait à peine d'être découverte au cours de la décennie 1440 que le premier convoi d'esclaves noirs prenait la direction de Lagos, au Portugal. Par ailleurs est créé, en 1447, le « cruzado », la première monnaie d'or nationale, utilisé par le Portugal comme moyen d'échanges dans ses premières transactions. En 1460, lorsque meurt Henri le navigateur, tout est déjà mis en place pour une exploitation méthodique et rationnelle de l'or et des produits du golfe de Guinée: esclaves, ivoire, malaguette etc. Enfin, la fièvre qui entoure l'édification du château San Jorge da Mina, achevée en janvier 1482, quelques mois seulement après le début des travaux, est sans doute le signe le plus évident que les motifs économiques ont occupé une place de choix dans l'aventure portugaise.

B. Elmina première installation portugaise

Elmina devint le quartier général des Portugais pour l'ensemble de leurs possessions d'Afrique occidentale. Ils appelèrent ce lieu *Aldeia de duas partes* (le village en deux parties). Elmina était, en effet, situé sur les rives de la rivière Benya. Ce nom est significatif, car la rivière marquait la frontière entre deux Etats: celui de Fetu et celui d'Eguafo. C'est peut-être pour cette raison que les Portugais s'intéressaient tant à ce lieu. Car, dans leurs relations avec les Africains, ils pouvaient, si cela s'avérait nécessaire, "diviser pour régner". Ils encourageront les habitants à se libérer de la tutelle d'Eguafo et de Fetu. Mieux, le roi, Jean II du Portugal, leur accorda le titre de citoyens portugais, et le gouverneur qui y était nommé tous les trois ans, ajoutait à ses titres celui de « maire d'Elmina ». Sous leur instigation, la ville devint une sorte de « république », gouvernée par les *Asafo*, hommes en état de porter les armes, groupés en compagnies chargées de la défense de la ville, un peu comme dans les cités médiévales européennes d'alors. La ville fut divisée en trois quartiers, chacun ayant à sa tête un chef militaire, le *braffo*. Celui-ci avait essentiellement pour rôle d'assurer l'ordre et la sécurité, en un mot, la police dans la ville.

La présence des Portugais apporta la prospérité à Elmina et, en reconnaissance, les compagnies des quartiers ou *asafo* plaçaient volontiers leurs jeunes gens, les « mancevos », au service des habitants du château afin de défendre la ville contre les intrusions étrangères. Par ailleurs, ils conduisaient au château tous les criminels et malfaiteurs afin qu'ils y soient jugés par le gouverneur.

C. Autres installations portugaises

Ailleurs sur la côte, les Portugais n'exercèrent aucune juridiction véritable hors des murs de leurs forts. En effet, après Elmina, les Portugais vont s'installer à Axim, Shama et Accra, c'est-à-dire à l'embouchure de l'Ankobra et du Prah, fleuves qui drainaient tout le commerce de l'or de l'arrière-pays, ou au débouché d'une piste (Accra) qui conduisait, elle aussi, vers des régions aurifères.

D. Le fort, lieu d'échanges privilégié

Pour affirmer leur présence et protéger le commerce, sans pour cela recourir à des conquêtes territoriales, les Portugais, comme par la suite les autres Européens, jugèrent nécessaire de bien fortifier les terrains concédés par les chefs côtiers. Cependant, le rôle des forts ne se réduisait pas à défendre et assurer la sécurité des personnes et des biens qui s'y trouvaient, ils avaient surtout un but commercial: c'étaient à la fois des magasins de stockage pour les articles européens destinés à l'intérieur des terres, et aussi de véritables marchés, où l'on venait troquer contre l'or les marchandises d'origine européenne. Les Portugais, étant les premiers à édifier des forts, pensaient pouvoir être les seuls à jouir des avantages qu'ils procuraient au commerce tout le long de la côte, mais c'était sans compter avec les autres nations européennes, toutes, aussi désireuses de se livrer au commerce dans ces parages.

II. LES FRANCAIS

Ils passent pour être les premiers à inquiéter les Portugais sur la Côte de l'Or. Les rumeurs des gros profits que réalise le Portugal au Pays des Noirs, notamment à la

Côte de la Mine et accessoirement sur la Côte des Quaqua, ne tardent pas à y attirer les vaisseaux étrangers, castillans mais aussi français.

A. Le commerce français : des débuts prometteurs

Une dizaine d'années environ après la construction de Saint Georges d' Elmina, un navire portugais, chargé d'or, en partance pour le Portugal, est poursuivi et capturé par les Français. Entre 1500 et 1531, trois cents caravelles sont également capturées par des navigateurs français. On peut dire qu'après 1530, le commerce français dans ces parages croît rapidement, malgré la présence portugaise. Et cependant les Français ne parviennent pas à s'établir de façon permanente sur la Côte de l'Or, par manque de volonté politique, car ce n'est pas faute d'avoir essayé.

B. Des projets sans suite

Une première tentative d'installation française s'opère en 1637 à Assinie; elle se solde par un échec : en effet, trois des cinq capucins missionnaires qui y débarquent meurent peu après, les deux autres survivants se réfugient à Axim, dans le château portugais.

En 1638, un autre établissement voit le jour, cette fois-ci à Petit-Komenda. Ce comptoir, comme celui d'Assinie, disparaît une année plus tard en 1639. Il faudra attendre plus de vingt-cinq ans avant que les Français ne tentent à nouveau de s'implanter à Komenda. Un traité est alors signé avec le roi du pays qui concède, en 1667 à Villaut et à Ducasse, représentants la Compagnie des Indes occidentales françaises, Aquitagny, cest-à-dire Eketekki ou Petit Komenda, pour y bâtir un fort. Toutefois ceci ne déboucha sur rien de concret.

Ce n'est que beaucoup plus tard en 1687, au moment où les Français reprennent pied à Assinie, qu'ils se décident à planter leur drapeau à Petit Komenda, sur l'invitation d'Amoissy, roi de Commendo, avec lequel un traité d'alliance est signé. Pour consolider les relations, Amoissy délègue un ambassadeur en France. Celui-ci séjourne plusieurs mois à La Rochelle où il se fait instruire de la religion catholique, puis il se met en route pour Paris. Tombé malade à Niort, il y meurt après s'être converti. Une année plus tard, les Français quittent définitivement Komenda, sous la menace hollandaise : les agents européens au service des Français sont chassés, les marchandises pillées et les autochtones ayant accueilli les Français, massacrés.

C. L'établissement français à Assinie au XVIIe siècle

Le séjour des Français en terre issynienne fut de plus longue durée. Ducasse, lieutenant de vaisseau, commandant de la *Tempête*, y arrive en novembre 1687. Sa mission est double : sévir contre les forbans qui ne sont autres que les interlopes hollandais, dont quelques-uns venaient de faire subir un affront au pavillon français à Komenda, ensuite reconnaître les lieux propices à l'établissement du commerce. Assinie offrait le meilleur site. Débouché de tout l'or de l'arrière-pays, il était éloigné du concurrent hollandais implanté à Elmina. De surcroît, les habitants étaient bien disposés à l'endroit des Français. Ducasse y débarque six Français, quelques marchandises en attendant d'y asseoir un peu plus tard un établissement commercial. De novembre 1687 à février 1688, il croise sur toute la côte de Guinée puis regagne la France après avoir reçu en otage deux jeunes Noirs, présentés comme étant, l'un fils du roi, et l'autre fils d'un des chefs. Le premier avait pour nom Aniaba et le second se prénommait Banga. Cette même année-là, ils sont conduits en France par le capitaine de frégate, Damon, commandant du *Jolly*, qui avait débarqué auparavant à Assinie les pères Gonsalvez et Cerizier, de l'ordre des Frères prêcheurs (dominicains).

Assinie, en tant qu'établissement, n'est donc pas abandonné après cette première tentative. Bien au contraire, il fera l'objet de plusieurs visites ultérieures en 1692, 1698 et en 1701. En 1692, Tibierge, commis de la Compagnie de Guinée, voyageant sur le *Pont d'Or*, débarque à Assinie et s'emploie à préparer les esprits à l'établissement d'un fort, pour lequel il obtient l'agrément d'Akassiny, successeur de Zéna. Successivement en 1698 et 1701, c'est le tour de Damon de mettre le cap sur Assinie. En 1698, il négocie avec le roi pour l'édification d'un fort, l'approvisionnement en matériaux de construction (bois et pierres), l'accès libre aux mines d'or que l'on situait à tort sur les terres d'Akassiny, et enfin l'acheminement, depuis Ouidah (Dahomey), de la main d'œuvre appropriée à cet effet. En 1701 est bâti, en l'espace d'un mois (17 juillet-24 août), le fort Saint Louis, en réalité un fortin en bois, qui était loin de pouvoir rivaliser avec les majestueux forts de pierre portugais et hollandais, édifiés sur la même côte. Son existence fut de courte durée ; en effet, ses locataires en seront expulsés en 1702, sous les boulets des canons hollandais.

III. LA GRANDE-BRETAGNE

Ayant une politique africaine plus conséquente, la Grande-Bretagne représenta une menace plus sérieuse et permanente pour le Portugal.

A. Les premières expéditions britanniques

Le premier voyage britannique, sur cette partie de la côte africaine, remonte en 1479. Il suscite, de la part du Portugal, une vive protestation auprès d'Edouard IV d'Angleterre. Les Anglais observent alors un temps d'arrêt. En 1553, Thomas Windham, à la tête d'une flotte de trois bateaux, guidée par Antonio Pinteado, ex-officier de la marine portugaise en service sur la côte de Guinée, débarque sur la Côte de l'Or et se livre à un commerce fructueux d'or et d'épices, à l'ouest et à l'est d'Elmina, ainsi que sur la côte du Bénin, et même au-delà, probablement jusqu'au Nigeria actuel.

Deux années plus tard, en 1555, John Lok, autre capitaine anglais, débarque à Shama. En dépit du feu qu'il y subit, Lok n'en continue pas moins à butiner le long de la Côte de l'Or, se ravitaillant en or, ivoire et poivre, à Cormantin et à Bereku. L'expédition suivante sera le fait de William Towerson. Successivement en 1555, 1556 et 1558, il visite cette côte. Une action combinée avec un escadron français fut alors décidée, non pas pour faire exclusivement du commerce, mais surtout pour intimider les forces d'occupation portugaise dans les différents ports de la côte. D'autres expéditions britanniques suivent au cours des dernières années du XVIe siècle. Toutefois, les Anglais, comme les Français, se contentent jusqu'au XVIIe siècle d'un commerce interlope. Leur méthode consiste à mouiller au large, après avoir évité habilement la route des grandes flottes portugaises ou après avoir forcé le passage au travers de flottes moins imposantes, et à rester sur la côte, le temps d'écouler leurs marchandises et de se procurer de l'or, de l'ivoire et des esclaves en retour.

B. Le commerce britannique aux prises avec les concurrents européens

Ainsi, pendant près de deux siècles, de 1471 à 1642, les Portugais parviennent à évincer les autres Européens et à imposer un monopole commercial sur cette côte, jusqu'à leur expulsion par les Hollandais. Passée la période de domination portugaise, la lutte pour la prépondérance commerciale sur la côte s'engage entre les compagnies présentes.

Elle fut particulièrement âpre entre Hollandais et Anglais. Les Anglais avaient précédemment construit en 1632 un fort à Cormantin, en pays Fante. Ils l'avaient acquis grâce à l'appui d'Arent Groote, un ancien employé de la WIC, qui avait pris ses distances avec la compagnie en passant au service des Anglais. Si, au cours des dix premières années (1642-1652), les relations anglo-hollandaises sont au beau fixe, elles se détériorent bien vite par la suite. Les Anglais en profitent alors pour donner un coup de fouet à leur commerce, cela d'autant plus que la guerre civile, en Angleterre, ayant fait place à la Restauration, la *Company of Royal Adventurers of England Trading to Africa* est fondée en 1652, avec l'appui personnel du duc d'York. Elle arrivait à point pour remplacer l'ancienne *Company of Guinney and Binney* qui s'était exclusivement intéressée à la traite de l'or et de l'ivoire.

C. Le fort anglais, un entrepôt de commerce

Désormais la traite des Noirs était à l'ordre du jour : la Jamaïque, devenue anglaise depuis 1655, et les Petites Antilles avaient besoin d'esclaves pour faire fructifier les plantations de canne à sucre et de tabac. Soutenus par Charles II, le souverain britannique d'alors, les commerçants britanniques de la « *Royal Adventurers* » rouvrent les comptoirs anciennement acquis par la *Company of Guinney and Binney*, en construisent d'autres et offrent aux chefs locaux des propositions nettement plus avantageuses que celles des Hollandais. Par ailleurs, ils s'emparèrent des forts hollandais à Tacoradi, Shama, Cape-Coast et Mori ainsi que des comptoirs d'Anomabu et d'Egya. Mais peu après, l'amiral hollandais, De Ruyter, reprenait pour le compte de la WIC tous les anciens forts hollandais, à l'exception de Cape Coast qui devint le quartier général des Anglais. Par la suite, la *Royal African Company* réorganise et consolide le commerce britannique le long de la côte, avec d'autant plus d'aisance que la WIC périclite définitivement en 1674, à la suite de la crise survenue aux *Provinces-Unies* en 1672. Mieux, la compagnie anglaise étend rapidement son influence à l'est de Cape Coast, en s'établissant à Anomabu, Egya, Winneba et Accra.

IV. LES PAYS-BAS

Si les Néerlandais évincèrent, au milieu du XVIIe siècle, de la côte les Portugais, ils ne purent jamais imposer de monopole sur l'ensemble de la région.

A. Les Néerlandais évincent les Portugais

Marins et commerçants avisés, les Hollandais se rendirent compte que, pour s'assurer la maîtrise du commerce côtier, il fallait imiter les Portugais, en installant le long du littoral des établissements permanents et des forts. Aidés des habitants de la côte, plus précisément des Fetu de Komenda qui souhaitaient aussi briser, de leur côté, le monopole portugais, les Hollandais fomentèrent plusieurs troubles à Komenda et en d'autres lieux de la côte, contre les Portugais. En 1611-12, ils édifient un fort à Mori (Fort Nassau), puis s'emparent d'Elmina en 1637, en attendant de leur enlever Axim en 1642. Bientôt, ils furent aux prises avec tous les autres partenaires européens de la côte, qui y affluèrent, nombreux, en ce milieu du XVIIe siècle.

B. La concurrence effrénée entre Hollandais et partenaires européens

Outre les Français et les Anglais qu'ils eurent à affronter, les Hollandais eurent aussi à faire face aux Suédois et aux Danois. En 1646, est créée la Compagnie suédoise d'Afrique. Elle s'attache à son service un ancien employé de la WIC, Caerlof, qui avait gardé sur la côte, parmi les chefs locaux, des relations fort utiles. Caerlof commence par établir en 1650 un comptoir à Cape Coast, où il peut compter sur la collaboration de la population locale. Puis, il s'installe à Anomabu, qui avait été précédemment l'objet de querelle entre Hollandais et Anglais, jouant ainsi le rôle heureux du troisième larron. Dans la région d'Axim prospérait un commerce local important des étoffes « quaqua » en provenance de la Côte de même nom, du sel et de l'huile de palme ainsi que des pirogues en provenance de l'Ahanta voisine. Ici encore Caerlof fait jouer ses atouts. Il propose d'abord aux habitants de supprimer les droits de douane perçus sur ces marchandises par les Hollandais, puis d'édifier des comptoirs en plusieurs points de la côte : à Bonyere en territoire Jumore, près du cap Appolonia, et à Butri en Ahanta, à l'est du cap d'Akwaso (Pedra de Santa Maria). Nul doute que ces propositions rencontrent l'adhésion de la population.

La pénétration suédoise dans cette zone en 1656 réveille l'intérêt de la WIC. S'appuyant sur quelques *condottiere* locaux (Mena et Corroquo), Caerlof et la compagnie suédoise parviennent à s'établir, outre Butri, Jumore Bonyere, à Attuabo (Attebo), Beyin (Abini) et Takoradi. Enfin, la compagnie suédoise, toujours par l'entremise de Caerlof, réussit à implanter, à la barbe des Hollandais, un autre fort à Osu près du Petit Accra.

Quant aux Danois, ils avaient tenté vainement d'établir des relations commerciales régulières sur la côte de Guinée jusqu'en 1654, date à laquelle pour la première fois un vaisseau danois revient d'Afrique avec une riche cargaison. Le roi Frédéric III donne alors des « lettres de marque » à Caerlof, en congé en Europe, pour continuer à exercer ses services en Europe, cette fois sous le drapeau danois. En 1658, Caerlof retourne à la Côte d'Or et, au nom du roi du Danemark, il reprend sans trop de difficultés les comptoirs qu'il avait créés quelques années auparavant au nom de la reine de Suède : Cape Coast, Jumore et les autres. La compagnie suédoise disparaît ainsi pour toujours de la Côte d'Or.

En 1660, les deux royaumes scandinaves signent la paix. La compagnie danoise est organisée et des poursuites sont entamées contre Caerlof et tous ceux qui avaient soutenu les entreprises de Caerlof. Un nouveau responsable de la compagnie est nommé à la Côte de l'Or en la personne de Crammer. Celui-ci acheta, en 1661, le terrain d'Osu où était situé l'ancien comptoir hollandais. Il en chassa les Hollandais et en fit le quartier général des possessions danoises sur la Côte de l'Or.

V. LES ETABLISSEMENTS EUROPEENS : UNE VUE SYNTHETIQUE A LA FIN DU XVIIᵉ SIECLE

Un mot pour finir sur les autres marchands européens de la côte. D'abord, les Suédois. Ils s'établissent, dès 1647, à Cape-Coast, puis à Boutre, Anomabo, Osu, Takoradi, Jumore et Cap Appolonia. A leur suite, arrivent les Danois qui, après une tentative d'installation à Cape-Coast, se retirent plus à l'est, en 1684, entre Accra et Keta. Enfin, ce sont les Brandebourgeois. Ils débarquent en 1682 et édifient trois fortins dont celui de Takoradi fut remarquable par sa taille. Mais en 1708, ils les abandonnent. Les deux nations européennes concurrentes qui de loin ont dominé toutes les autres sur cette côte, sont la Hollande et la Grande-Bretagne.

Au total, une soixantaine de forts et de comptoirs seront construits sur la Côte de l'Or. Ils matérialisent, non seulement la présence européenne, mais servent aussi de têtes de pont pour la pénétration européenne, en direction de l'arrière-pays. En effet, l'influence européenne ne se limite pas à la zone maritime, elle tente aussi de s'exercer plus profondément à l'intérieur du pays, allant, pour ainsi dire, à la rencontre du mouvement commercial soudanais en direction, quant à lui, vers le Sud. Grâce aux documents des compagnies de commerce et aux relations de leurs agents, il est possible de dresser un tableau suffisamment complet des rapports entre Européens et Africains sur cette partie de la côte et de son arrière-pays, et de prendre la mesure des influences respectives que les nations européennes eurent à exercer successivement tout au long des siècles, en matière d'échanges commerciaux.

CHAPITRE V

L'INFLUENCE DES NATIONS EUROPEENNES DANS LE GOLFE DE GUINEE
UN ESSAI DE CHRONOLOGIE (XVIe-XIXe SIECLE)

L'histoire des échanges commerciaux, entre les nations européennes et le golfe de Guinée (Côte des Quaqua et Côte de l'Or), a connu deux phases distinctes entre la fin du XVe siècle et le début du XIXe siècle. La première débute avec le passage des premiers Portugais en 1470 au large des côtes ivoiriennes et se termine théoriquement en 1637, date de la prise du château Saô Jorge da Mina par les Hollandais. Cette période est celle de la suprématie incontestée du Portugal sur l'ensemble des côtes africaines. Elle se traduit par la mise en place des voies et moyens permettant au Portugal de tirer profit de ses rapports avec le continent africain.

La seconde phase débute avec l'effondrement de la puissance portugaise, consécutive aux attaques des Hollandais qui occuperont, sans coup férir, la majorité des possessions portugaises à travers le monde. La prise du château d'Elmina portera notamment un coup fatal à la présence portugaise sur les côtes de Guinée. Dès lors, le Portugal, réduit à une puissance de seconde zone en Afrique, sera obligé de particiger au commerce atlantique, indispensable à la survie de sa colonie du Brésil. Les Pays-Bas, désormais dans une position dominante, furent loin de bénéficier de la situation de monopole qui fut antérieurement celle du Portugal.

I. LA PERIODE HEGEMONIQUE DU PORTUGAL (1470-1637)

La première traite portugaise a lieu à Shama en 1471. Dix ans plus tard, les Portugais implantent leur quartier général à Elmina, où ils viennent d'achever l'édification du fort de St Georges en 1482. Entre temps, ils découvrent la côte des Krou, nouent des liens commerciaux avec les habitants de cette côte, qui leur livrent des épices, de l'ivoire et quelques esclaves. De leur passage dans l'extrême-ouest de la côte des Quaqua subsistent jusqu'à nos jours, à défaut de monuments défiant le temps à l'instar de la Côte d'Or voisine, des noms célèbres de villes, fleuves et lieux auxquels s'accroche l'imagination : Sassandra, San Pedro, Fresco, Lahou (*Rio Laguos*), et surtout l'étiquette peu flatteuse de « Côte des Mal Gens », dont ils gratifièrent la Côte-ouest ivoirienne, de Tabou à Grand-Lahou, et ses habitants.

A. La période mercantiliste

Au début du XVIe siècle, les Portugais pouvaient bénéficier, sur la côte occidentale du continent, de quatre bases où ils étaient solidement installés : Arguin, Santiago (dans les îles du Cap-Vert), Saô Jorge da Mina et Saô Tome. De ces différents points, ils tiraient divers produits comme l'or, l'ivoire, les esclaves, le sucre et les épices, Saô Jorge et Saô Tome étant les plus importants postes, respectivement pour l'or et les esclaves. La fondation d'Arguin en 1455 marque un tournant dans les pratiques commerciales du Portugal en Afrique. En effet, à la conquête, synonyme de rapt et de capture par la violence, succède la traite pacifique, basée sur l'installation des *feitorias* (les comptoirs) et l'érection des forts et loges fortifiées, autour desquels se constituent rapidement des villages vivant des activités connexes de la traite. Les opérations commerciales connaissent dès lors un accroissement sensible, et il s'avéra indispensable de mettre en place des institutions capables de canaliser toutes ces activités.

B. Le monopole portugais

A un organisme central, *l'Administracao ultramarina*, fut confiée l'administration de l'empire portugais qui fut divisé en deux catégories : les *zonas da comercio* ou zones de commerce, territoires riches et peuplés, ayant des structures économiques adéquates : marchés, commerce, marchands, permettant de drainer, sans effort, les ressources économiques régionales vers le Portugal. De ces territoires faisaient partie : la Côte de Guinée, le royaume du Kongo, la côte orientale d'Afrique et l'Asie. Les *zonas de provoacoa* ou de *explorocao* : territoires de peuplement ou d'exploration; il s'agit des régions inhabitées ou faiblement peuplées: Cap-Vert, Saô Tome et Principe, Brésil, dont les ressources seront exploitées par des colons immigrés ou des esclaves.

La *zona da comercio* de Guinée était contrôlée par un organisme, la Casa da Guiné[32] qui comprenait plusieurs sections particulières comme la *Casa dos Escravos*, chargée de la traite des esclaves, et la *Casa da Mina* qui s'occupait spécialement du commerce de l'or sur le territoire contrôlé par le Château Saô Jorge. Cette juridiction s'étendait, non seulement sur la Côte de l'Or, mais aussi sur la Côte des Esclaves jusqu'à la ville de Bénin. Cependant, la Couronne du Portugal, manquant de fonds pour exploiter rationnellement ces immenses territoires, a eu très tôt recours à un mécanisme souple, lui

---

32 Elle devient plus tard la *Casa da Guinée Mina*, puis la *Casa da India*.

permettant de tirer le maximum de profits de ces régions tout en y investissant le moins possible, grâce à trois systèmes qu'elle met en place pour superviser le commerce : les *contratos* ou *asientos* (contrats), les licences et l'administration directe.

1) L'Asiento
Le premier et le plus usité des systèmes a été celui des *contratos* ou *asientos*. Ce sont en réalité des fermages confiés à des *contratadores* (contractuels) qui, à leur tour, délivraient des licences – *avanças* – aux négriers. Les *contradores* étaient des hommes d'affaires de Porto ou de Lisbonne. Ils affermaient donc leurs droits aux *avaçadores* qui, en fin de compte, étaient les véritables négriers s'occupant du commerce triangulaire.

2) La licence
Ils pouvaient délivrer, à leur tour, autant de licences qu'ils voulaient. En cas de besoin ou selon le bon plaisir du Roi, la Couronne peut directement accorder des licences, et ceci en dehors des contrats passés avec les fermiers, pour des opérations commerciales ponctuelles outre-mer, notamment l'achat d'un nombre déterminé d'esclaves contre le paiement d'une taxe par esclave.

3) L'administration directe
Il y avait enfin l'administration directe, confiée à un intendant; système onéreux, donc peu usité, qui servait plutôt de solution transitoire entre deux contrats. La combinaison de ces trois systèmes, qui pouvaient coexister, permit au Portugal de tirer le meilleur profit de son vaste empire colonial sur lequel il régnait en maître incontesté. Mais bientôt, alléchées par la soudaine richesse du petit Etat, d'autres nations européennes n'allaient pas tarder à s'imposer comme commensaux, puis à l'évincer de la scène.

II. LA DOMINATION HOLLANDAISE (1637-1650)

Le XVIIe siècle s'ouvre, en effet, sous de mauvais auspices pour le Portugal. Les deux couronnes, portugaise et espagnole, ayant été unifiées en 1580 sous Philippe II, les ennemis de l'Espagne se retournent victorieusement contre le Portugal et ses colonies, et n'auront de cesse de le harceler jusqu'à son affaiblissement.

A. L'expulsion du Portugal des côtes de Guinée

Dès 1598, les Hollandais se lancent à l'assaut des colonies portugaises en Afrique, puis en Asie et en Amérique. De 1630 à 1641, les plus importantes possessions portugaises tombent aux mains des Hollandais. Malgré les efforts des Portugais pour les contenir et les maintenir à l'écart de la Côte de l'Or, les Hollandais parviennent à s'installer à Mouré (fort Nassau) dont ils se servent comme base pour lancer leurs attaques contre *Saô Jorge*, la forteresse portugaise réputée inexpugnable. Repoussés lamentablement une première fois en 1625, les Hollandais reviennent en force à la charge et enlèvent le Château en 1637.

Cette défaite eut des conséquences incalculables pour l'avenir de la présence portugaise en Guinée. Comme le fait remarquer A. Van Dantzig, avec beaucoup de justesse, *« la perte du château d'Elmina coûta aux Portugais la confiance des peuples côtiers ».* Toutes les possessions portugaises de la région tombent successivement entre les mains des Hollandais : Shama et Axim, le dernier, en 1642. Par ailleurs, les populations, étant sensibles au rapport des forces en présence, se rallient aux vainqueurs du jour. Dans le golfe de Guinée, l'ère de la domination portugaise prenait fin.

B. L'affaissement des échanges portugais au profit du commerce néerlandais

Pour continuer à acquérir les esclaves indispensables au travail dans les plantations et les mines d'or du Brésil, surtout après la découverte des mines de *Minas Geraes*, les Portugais doivent se soumettre aux conditions draconiennes que leur imposent les Hollandais au traité de 1661 :

1) Aucun navire portugais venant directement du Portugal ne peut traiter sur la côte de Guinée, car leurs marchandises, faisant dès lors concurrence à celles de la compagnie hollandaise, sont considérées comme de contrebande ;

2) Etaient autorisés à y traiter les vaisseaux venant du Brésil avec comme seules marchandises : le tabac, le sucre et l'*arguardente* (alcool) ;

3) Ces bateaux devaient obligatoirement faire escale à Saô Jorge de Mina, devenu le quartier général des Hollandais sur la côte ;

4) Après que les navires se sont acquittés d'une taxe de 10% de la valeur de leur cargaison et autres coutumes, un passeport devra leur être délivré, les autorisant à faire leur traite sur la Côte.

La Compagnie néerlandaise des Indes occidentales (la W.I.C.) pousse la rigueur jusqu'à interdire aux Brésiliens de faire leur traite dans les ports où les Hollandais n'ont pas d'intérêt. Mais, il est évident que les Portugais, ou plutôt les Brésiliens, ne respectaient pas toujours ces clauses et encore moins ces restrictions occasionnelles. Le Brésil n'étant, en effet, lié par aucune obligation directe avec la Hollande, les interlopes brésiliens bravent ces clauses en allant parfois traiter directement sur la côte avec des marchandises de provenance européenne et souvent avec l'or brésilien qu'ils y introduisent en fraude, bradant les affaires au grand dam de tous les négociants européens.

Il n'existait, en effet, aucune compagnie, ni aucun code pour réglementer le mouvement des navires et le commerce de Bahia sur la côte de Mina. Après la prise d'Elmina, on essaie de rattacher, mais en vain, cette partie de la côte de Guinée à la capitainerie de Saô Tome. Les Brésiliens de Bahia, ne se sentant pas liés par les clauses du commerce imposées au Portugal sur la côte africaine, y trouvent un débouché pour son tabac contre les esclaves, indispensables au travail dans les plantations et les mines. Il en résulte un désordre dans le commerce, déploré par tous les commerçants.

III. LA CONCURRENCE EFFRENEE ENTRE LES NATIONS EUROPEENNES (1650-1843)

Dans le nouveau contexte ainsi créé, les Néerlandais ne réussissent pas à écarter la concurrence des autres marchands européens, encore celle des interlopes qui offrent des prix plus avantageux parce que, à la différence des compagnies régulières, ils n'ont pas de charges d'entretien de garnison et de personnel dans les forts. Les interlopes, aux activités limitées au seul commerce, sont pressés d'écouler leur cargaison et de reprendre le large. La compétition et les rivalités entre partenaires commerciaux européens contribuent à amoindrir le chiffre d'affaires de chacun, mais encore affaiblissent la position des marchands européens vis-à-vis de leurs partenaires africains.

Les dernières années du XVIIIe siècle sont marquées par le triomphe de la traite négrière sur le commerce de l'or. Les Anglais, suivis des Français, des Hollandais et des autres nations européennes, se lancent résolument dans cette nouvelle activité. Ainsi, se développe la traite négrière, particulièrement sur la fraction occidentale du littoral quaqua. Grand-Lahou mais aussi les rades de la côte krou, plus à l'ouest, deviennent tristement célèbres pour leur importante livraison d'esclaves. Environ 6 à 7 000 esclaves y seraient traités annuellement : 3 000 par les navires français et 4 000 environ par les négriers britanniques et hollandais.

La plupart des esclaves sont capturés au cours des guerres suscitées par l'émergence des grandes entités politiques de l'arrière-pays : Etats baoulé et agni en formation, Etat de Kong, etc. A la fin du siècle, l'esclave à Grand-Lahou conserve encore toute sa place dans le commerce extérieur avec les Européens.

TROISIEME PARTIE

L'ACTIVITE COMMERCIALE DANS LA REGION

Plusieurs indices laissent croire qu'avant l'apparition des Portugais, suivis des autres Européens dans la région, un commerce prospère et dynamique animait la région. Toutefois, l'arrivée des Européens va intensifier ce commerce intérieur et lui ouvrir de nouvelles perspectives. Le commerce extérieur avec les nations européennes naît et se développe, orienté tour à tour sur l'or cédé contre les articles européens, puis sur l'esclave noir en échange des armes à feu et des munitions.

L'impact des échanges commerciaux qui s'intensifient au fil des siècles sera déterminant dans l'évolution des sociétés et des Etats de la région. Les résultats en sont manifestes, non seulement dans le paysage, mais encore dans ce que ces sociétés ont de plus intime : la langue, les arts et la religion.

CHAPITRE VI

LE COMMERCE INTERIEUR ET EXTERIEUR

Quels sont les biens qui circulent entre la bande côtière et l'arrière-pays ? On note l'existence de deux types de commerce sur la bordure côtière: un commerce local, portant essentiellement sur les produits vivriers et ceux de l'artisanat, et un commerce interrégional qui assure la liaison entre les localités de la côte et des agglomérations fort éloignées de l'intérieur, comme Kumasi, Mampong, Bondoukou et même au-delà. Outre ce commerce à l'intérieur du continent, se développe un commerce extérieur, extrêmement actif, entre Européens et Africains.

I. LE COMMERCE CÔTIER

Portant tantôt sur les produits vivriers (mil, riz, poisson séché et fumé), tantôt sur ceux de l'artisanat (embarcations, mortier, armures et parures), le commerce côtier, extrêmement dynamique, permet des échanges complémentaires tantôt entre les agglomérations côtières, tantôt entre celles-ci et l'arrière-pays proche. Ainsi, les agglomérations côtières, reconnues pour leurs activités de pêche et de production de sel, échangent leurs produits contre les provisions agricoles de l'intérieur des terres. De même, sur l'axe transversal ouest-est, des échanges fructueux et complémentaires s'effectuaient entre les différentes localités côtières. La région du cap des Trois Pointes et le pays ahanta, par exemple, fournissent en embarcations presque toute la côte. En retour, ils se procuraient en mil, riz et bétail en provenance de la région fanti ou de Sabu, situés plus à l'est. Sur ces deux axes et tout particulièrement sur l'axe *littoral - arrière-pays,* se greffent rapidement des échanges nouveaux qui relient la côte à l'arrière-pays et, au-delà, vers les marchés lointains de l'intérieur.

II. LE COMMERCE INTERREGIONAL

A côté d'un réseau, ancien, animé par les commerçants *dyula*, naît avec l'arrivée des Européens un second réseau « européen », qui entre en rivalité avec le premier, car ils ne forment pas deux circuits spécialisés dont chacun répondrait à une demande spécifique. Sur les qualités comme sur les prix, la compétition sera extrêmement vive entre marins européens et marchands soudanais.

A. Le réseau européen

Quels sont les biens véhiculés par le réseau européen ? Le commerce intérieur opère la distribution, dans l'arrière-pays, des marchandises débarquées par les vaisseaux européens. Les Portugais, puis après eux les autres marchands européens, proposent aux Africains de la côte, avec des innovations et des adaptations, des marchandises semblables à celles auxquelles le commerce transsaharien, par le biais des Wangara, les avait habitués : les étoffes de différentes couleurs, les bracelets de laiton, du corail et des coquillages aussi appréciés que des pierres précieuses, des perles bleues, les fameux *coris* en provenance du Bénin qu'il ne faut pas confondre avec les cauris, coquillages-monnaie importés des îles Maldives, mais aussi des manilles, des pots de chambre, des bassines, des couteaux et des serpes et j'en passe.

Sur ce même réseau, circulent, en sens inverse, des biens d'origine locale dont essentiellement l'or. Celui-ci est extrait de différents gisements, localisés en plusieurs endroits: pays asante, banda, wassa, lobi... Cet or assure l'approvisionnement des comptoirs européens de la côte; il continue par ailleurs d'alimenter, sans interruption, les marchés soudanais du Nord. On comprend ainsi pourquoi les exportations en direction de la côte, dans la seconde moitié du XVIIe siècle, déclinent.

Ainsi, apparaît-il, dès les premières années de contact avec les Européens, que les régions de la Côte de l'Or ont eu à choisir entre deux débouchés possibles pour leur production aurifère: les comptoirs européens et le Nord soudanais. Aussi, convient-il de le souligner, la présence européenne ne provoque pas une rupture dans les échanges avec le Soudan. Les comptoirs européens ne détournent pas vers eux la totalité des exportations de la zone forestière akan et des pays voisins. Bref, il n'a pas eu captation des échanges par les Portugais et leurs successeurs. En fait, dans la compétition qui s'est alors engagée entre les Européens au sud, et les Dyula qui peuvent être considérés comme des rivaux au nord, celle-ci a conféré aux populations akan une position d'arbitre. Et nul ne doute que ces derniers sauront en tirer parti pour conserver les avantages de ces deux courants commerciaux.

B. Le réseau dyula

Les Dyula fournissent, en contrepartie de l'or akan, des étoffes. On en a l'écho à travers l'extrait de cette lettre du 18 avril 1510, adressée par Manuel de Gois, gouverneur portugais d'Elmina au roi du Portugal :

> Il y a chez les Nègres tellement de cotonnade de Mandinga que cela détourne une grande partie du commerce de la Maison[33].

Un siècle plus tard, les tisserands d'Insoko et de Wankyi ont pris la relève. Ces deux localités du Nord akan sont à même, à cette date, de fabriquer « de beaux tissus », fort appréciés, qui sont distribués jusque sur la côte, où ils sont regardés comme des biens de luxe:

> J'ai vu à Issiny entre les mains de ces nègres qui ont été en ce pays, des tapis de Turquie et de fines étoffes de coton, rayées de soie rouge et bleue qu'ils en avaient apporté, où ils disent qu'on les fait[34].

De l'intérieur arrivent, également sur les bords de l'Océan, les objets de cuivre. Muller déclare des ressortissants de Fetu:

> Certains d'entre eux possèdent de grandes cuvettes ou chaudrons de cuivre, artistiquement travaillés à l'extérieur (...) Ceux-ci, selon leurs dires, ont été apportés d'un pays fort éloigné derrière l'Acanie; ils atteignent un prix élevé. J'ai vu autrefois l'un de ces chaudrons qui était évalué à une livre d'or[35].

On peut même admettre, à lire nos sources, en particulier Barbot, qu'au XVIe et au XVIIe siècle, l'influence du commerce côtier était telle qu'une partie de

---

[33] Manuel de Gois, gouverneur de la Mine, au roi de Portugal, 18 août 1510, in *Brasio* 1953, II, p. 210-21.

[34] G. Loyer, « Relation du voyage du royaume d'Issyny, Côte d'Or, païs de Guinée en Afrique », in P. Roussier, *L'établissement d'Issiny, 1687-1702*, p.190.

[35] W. J. Muller, *Voyages aux côtes de Guinée et en Amérique, 1719* (1673), p. 149.

l'or du « Mandinga » – entendons des régions de Begho et du pays lobi – prenait le chemin du sud côtier. De même qu'une partie, non négligeable de l'or extrait des gisements aurifères du Sud, prenait toujours la direction des marchés soudanais, au début du XVIe siècle, avant que le réseau « européen » ne prenne sa pleine dimension.

Outre les marchandises venues du Nord, qui alimentent le réseau dyula, les Accanistes introduisent dans les échanges les fruits de leur propre travail. Deux produits jouent ici un rôle capital: le poisson et le sel marin. A Assinie, Elmina, Cape-Coast, dans la région d'Accra, le poisson est séché et acheminé vers l'arrière-pays:

> Le poisson qu'on prend à la mer est bien emporté par plus de cent lieues au-dedans du pays, pour un grand présent nonobstant qui pue souventes fois comme une caroigne qui fourmille de vers[36].

Mais le sel marin paraît être l'objet d'un commerce plus intense et plus rentable encore. En effet, le sel est considéré comme une denrée de luxe dont le prix n'est point à la portée de tous. Les pauvres doivent se contenter d'herbes calcinées. L'expédition et la vente du sel aux peuples de l'intérieur sont, comme sa production, des activités saisonnières qui prennent place, lors de la saison sèche, entre novembre et mars. Beaucoup d'auteurs insistent sur la finesse et la blancheur du sel préparé sur la côte; mais ils soulignent que sa conservation pose de difficiles problèmes; car le sel craint aussi bien l'humidité que l'excessive chaleur du soleil, sous l'effet de laquelle il noircit et devient âcre et amer. Aussi, le transporte-ton sous emballage hermétique de feuilles vertes, à l'aide de paniers spéciaux faits de roseaux tressés. Il est malaisé de

---

[36] P. de Marées, *Description et récit historique du Royaume d'Or de Guinée*, 1602, tr. Fr. 1605, p. 23-25.

savoir jusqu'où le sel remonte vers le nord à cette époque. Muller et Barbot se bornent à indiquer qu'il est acheté par des marchands « accanien » et emporté « à une grande distance ». A se fier cependant au témoignage de Dapper, le sel de Lahou atteint très probablement le pays « mandingue » :

> Les habitants du Cap La Hou font grand trafic de robes de bandes qu'ils vont quérir chez d'autres peuples leurs voisins qui sont plus éloignés de la côte qu'eux, et leur donnent du sel en échange. Ils assurent que ceux à qui ils portent ce sel remontent pour le vendre si avant dans le pays qu'ils rencontrent enfin des peuples blancs montés sur des mulets ou des ânes, et qui ont pour armes des lances, mais qui néanmoins ne sont pas si blancs que les Hollandais. Ce sont apparemment quelques Maures de Barbarie[37].

D'un autre côté, nous savons par Valentim Fernandes que le sel saharien arrive au XVIe siècle jusque dans les environs de Begho; il est donc vraisemblable que, dès cette époque, la ligne de partage entre sel marin et sel saharien suit approximativement le parallèle de cette ville, comme ce sera le cas au XIXe siècle.

Tels sont donc, outre les marchandises européennes, les produits du cru que véhicule le commerce intérieur, animé aussi bien par les Dyula que par les Accanistes.

III. LE COMMERCE EXTERIEUR AVEC LES EUROPEENS

La première conséquence de la pénétration européenne a été le développement d'un commerce actif entre Européens et Africains. A l'origine, les Africains cèdent

---

[37] O. Dapper, *Description de l'Afrique*, 1686, p.277.

l'or en échange de biens tels que les étoffes, les récipients en étain et en cuivre, le fer en barres et les objets de fer : aiguilles, coutelas, épées, poignards, serpes, têtes de hache, verroterie, etc. Les objets ferreux, en particulier, seront d'une grande utilité; c'est en effet la période des grands défrichements à l'intérieur du pays, et les serpes, les haches... sont d'une grande utilité. Par ailleurs, les chaudrons, les bassines en cuivre et autres seront employés dans la préparation du sel dont l'importance est de premier ordre dans les échanges avec les peuples africains.

A partir du milieu du XVIIe siècle, deux « denrées » nouvelles, font leur apparition dans les échanges de la Côte de l'Or: à l'importation, les armes à feu ; à l'exportation, les esclaves. Ce sont les Anglais et les interlopes qui prennent l'initiative d'introduire les fusils. Auparavant, Portugais et Hollandais se sont contentés d'en prêter quelques-uns à leurs auxiliaires et alliés africains. D'abord, réticents, les Hollandais sont bientôt contraints - compétition oblige - d'imiter leurs rivaux, et dans les dernières années du XVIIe siècle, c'est par milliers que fusils et mousquets sont débarqués chaque année sur la Côte de l'Or.

De même, les Portugais et les Hollandais s'étaient longtemps efforcés de tenir la région à l' écart de la traite des esclaves, estimant l'essor de celle-ci incompatible avec la poursuite du commerce de l'or; mais les Anglais, derniers arrivés sur le terrain et relativement mal placés par rapport à leurs devanciers, n'ont pas les mêmes scrupules; ce sont encore les Anglais qui sont ici à l'origine de l'infâme trafic, afin de satisfaire la demande des planteurs de la Barbade. Les Hollandais attendront les années 1670 pour se mettre de la partie; mais à la fin du siècle, le total des expéditions, toutes nations confondues, atteint 5 à 6 000 esclaves par an.

Ces différentes opérations commerciales ainsi que l'ensemble des contacts européens auront un impact sur les populations de la Côte de l'Or. De même que les relations des Soudanais déclenchent, à leur tour, toute une série d'effets dans la région. L'un des indices patents du développement du commerce dans la région et de son ampleur sera l'usage et la diffusion de la monnaie et du crédit.

A. La monnaie

En Côte d'Or, il n'existait pas, au sens strict du terme, de monnaies, garanties par une autorité publique, mais plutôt des instruments équivalents qui jouaient le même rôle que la monnaie. Etalon de valeurs, instrument d'échange, réserve de richesse, ces biens, à cause de ces différentes fonctions qu'ils accomplissaient, étaient universellement acceptés et circulaient aisément partout. Par ailleurs, ils gardaient, si minime soit-elle dans certains cas, une valeur d'usage propre qui rendait leur possession désirable en toute circonstance.

A quelle époque apparaissent ces équivalents ? Certes, leur genèse apparaît obscure; nous n'avons cependant aucune raison de suivre les auteurs européens – Pieter de Marées, Dapper, Barbot et d'autres - lorsqu'ils prétendent qu'avant l'arrivée des Portugais, seul le troc était pratiqué. L'existence du commerce mandé, antérieur à l'intrusion européenne, suffit à elle seule à démentir une telle assertion ; il est même probable que le recours à divers signes monétaires a précédé de loin la pénétration des Dyula dans la région.

Quoi qu'il en soit, au cours des siècles que dure l'étude, deux catégories d'équivalents sont en usage. Pour les transactions importantes, on se sert de la poudre d'or; de même c'est en poudre d'or que s'effectuent les paiements les plus considérables: amendes, péages, etc. La poudre est évaluée au poids; sur l'origine des poids à peser l'or et le rôle qu'ils jouent dans la société akan, on peut utilement se reporter aux travaux G. Niangoran Bouah et de Tim Garrard. Le premier voyageur européen à signaler leur existence est, à notre connaissance, John Lok à la date de 1555. Pour les quantités réduites de marchandises, les marchands africains emploient des graines ou des baies, les « damba », « rouges marquetées de noir », et les « taku », deux fois plus pesants, « blancs marquetés de noirs ou tout noirs ». Les gens de l'intérieur possèdent en outre des poids taillés dans du bois de couleur jaune. Mais les poids les plus lourds sont en cuivre ou en étain; ils sont fondus dans des moules de sable et limés. Quelle que soit la matière dont ils sont faits, ils sont ordonnés en séries dont chaque élément porte un nom; il n'existe cependant pas de gamme unique, valable dans l'ensemble de la région. Les poids et les dénominations varient d'une zone à l'autre, la zone étant définie comme le ressort où s'exerce le pouvoir politique d'un souverain ou d'un chef autonome. En effet, celui-ci est à la fois le principal partenaire du commerce de l'or et le principal destinataire des paiements en or; il est donc naturel que son système de poids fasse autorité dans son territoire.

Dans les transactions ordinaires de la vie quotidienne, circulent divers objets qui se réfèrent à l'or en tant qu'étalon. Comme ils ne sont utilisés qu'à l'intérieur d'une aire très étroite, ils varient aussi d'une région à l'autre. A Assinie, a cours le « bétiquet », une sorte de pierre qui n'a « ni feu ni éclat ». Plus à l'est, aux escales de Commendo, Elmina, Cape-Coast, ce sont les « k*acratten* » ou *caccara, kakersa*, dont le nom dérive du twi *kakra*, voulant dire petit. Ces instruments d'échange se présentent sous forme de parcelles d'or obtenues par le limage ou le découpage de grosses pépites ; épais comme des têtes d'épingle, de forme carrée, aplatis au marteau, ils sont fortement mêlés de cuivre, de sorte que la valeur de l'once de « kratten » n'atteint pas la moitié de celle de l'once d'or. A Accra comme à Kumasi, on se sert de pièces de fer. En pays asante, la monnaie de fer est connue sous le nom de *dutu* ou *nnabuo*. Celle-ci n'est abandonnée au profit de l'or qu'au XVIIIe siècle, après le triomphe des Asante sur Bono en 1722-23, suivi du pillage du trésor des vaincus, réputés riches en or. Enfin, à la même période, apparaît le cauri.

B. Le crédit

Qu'en est-il du crédit ? Entre Européens et Africains, il fait son apparition dans le courant du XVIIe siècle, sans doute à partir du moment où les Hollandais s'installent à demeure sur les côtes et sont en mesure de surveiller le sort des avances qu'ils ont accordées à leurs partenaires. En 1601, en effet, au témoignage de de Marées, les Hollandais se font payer comptant. A la fin du siècle, au contraire, le crédit est entré dans les mœurs, et les agents des forts consentent aux négociants africains des avances en marchandises pour une valeur de deux ou trois marcs d'or.

Entre Africains, la situation est plus difficile à cerner. Dans les transactions mineures, le crédit paraît inconnu. En revanche, un homme qui doit faire face à un paiement important, le versement d'une amende par exemple, peut emprunter les sommes nécessaires à plus riche que lui. Cependant, l'existence de l'esclavage pour dettes et le recours à une pratique telle que le « panyarring » attestent à la fois la réalité et les difficultés du crédit. Le panyarring intervient lorsqu'un créancier ne parvient pas à rentrer dans ses fonds ; il s'empare alors de l'un quelconque des proches ou des voisins de son débiteur, à charge alors à la famille de ce dernier ou aux habitants du village, de le contraindre à s'acquitter de son dû. S'il est évident que le crédit est loin d'être un fait exceptionnel dans la Côte de l'Or du XVIIe siècle, il reste que sa pratique est exposée à bien des vicissitudes, et qu'il ne saurait être regardé comme une institution solidement enracinée.

CHAPITRE VII

LES TRANSFORMATIONS DE LA PRODUCTION EFFET DES ECHANGES COMMERCIAUX

Au niveau de la production, le développement des échanges avec les Soudanais d'une part, et avec les Européens d'autre part, a entraîné deux effets majeurs: en premier lieu, une vigoureuse impulsion a été donnée à certains secteurs qui ont connu, de ce fait, un essor remarquable; par ailleurs, de nouveaux rapports de production ont été introduits dans une partie, au moins, des branches d'activité, liées au commerce lointain.

I. LE DOMAINE DE LA PRODUCTION VIVRIERE

L'extraordinaire fertilité du sol, qui faisait l'admiration de l'auteur anonyme portugais de l'« Informaçao da Mina »[38] et la régularité des pluies ont été à l'origine d'une agriculture qui produisait, dans la région côtière tout au moins, suffisamment de céréales, tubercules, fruits et légumes pour assurer la subsistance et l'alimentation quotidiennes des habitants.

Néanmoins des plantes et des cultures nouvelles font leur apparition dans la région et y produisent des effets bénéfiques.

---

[38] Cf. "Informaçao da Mina", p. 102, in J. Bato-ora Ballong-Wen-Mewuda, *Sao Jorge da Mina (1482-1637)*, Lisbonne-Paris, 1993, p.122.

A. l'innovation en produits agricoles

Dans l'ordre de la production vivrière, l'introduction par les Portugais d'un certain nombre de plantes et de cultures nouvelles transforme le paysage agricole de la région. Par exemple, le maïs, les bananes dites « Congo », la canne à sucre, les ananas... y font leur apparition, grâce aux Portugais. La gamme des produits agricoles, due aux Portugais, est loin d'être ici complète; il faudrait y ajouter certaines fèves, le manioc et bien d'autres, mentionnés ailleurs par d'autres auteurs. Par ailleurs, la Côte d'Or serait redevable aux Portugais de certaines variétés d'animaux suivants: pourceau, cabri, mouton.

B. La portée de ces innovations

Quelle est la portée exacte de ces innovations? Elles n'ont sans doute pas provoqué de « révolution agricole »: l'igname, le mil et, dans la zone forestière, la banane ont continué de former la base de l'alimentation; mais elles ont sûrement facilité les « soudures » et elles par ailleurs permis une certaine diversification de la diète ; il n'est donc pas exclu qu'elles aient contribué à une expansion démographique dont on trouve certains indices dans la tradition.

II. L'INDUSTRIE EXTRACTIVE DE L'OR

Deux techniques caractérisent l'exploitation de l'or : le recueil des alluvions au fond des rivières, suivi de leur traitement, et l'extraction du minerai sur les gisements. Labeur pénible au rendement difficile à apprécier.

A. Les deux formes d'extraction

Elle est pratiquée sous deux formes. Tout d'abord, l'or est exploité sur les rives de certains cours d'eau, notamment celles de l'Ankobra et de ses affluents; des plongeurs vont recueillir les alluvions déposées dans le lit de la rivière; remontées au jour, celles-ci sont traitées par le procédé du lavage à la batée. Le rendement ici est limité et, de surcroît, ce procédé est ruineux pour la santé.

Le gros de la production d'or est extrait des mines. Une politique de dissimulation systématique est pratiquée à leur endroit: ni les Dyula du nord, ni les Européens, ni les habitants de la côte ne les ont jamais vues et ignorent l'emplacement exact de ces mines. Tout au plus, ceux-ci se contentent-ils d'en assurer la commercialisation, mais n'interviennent guère dans son extraction. C'est qu'en effet, les gisements, considérés comme des lieux sacrés, sont strictement interdits à tout étranger, noir et blanc, et même au commun du peuple. L'extraction du métal précieux d'autre part est une activité chargée de significations religieuses. L'effet de toutes ces mesures a pour but de détourner des gisements les curieux, et de décourager toute tentation de conquérir ces endroits.

La technique d'extraction du minerai est identique à celle connue au Soudan, au point que certains auteurs, comme Terray, inclinent à penser que dans ce domaine, les Akan auraient subi l'influence des Mandé. Des puits sont creusés jusqu'à l'effleurement des filons; les mineurs percent alors des galeries dans la direction tracée par ceux-ci. Le labeur dans les mines est pénible et l'insécurité grande.

B. Le rendement

Quant au rendement, il est difficile de l'évaluer avec précision: trois à quatre onces par jour et par personne, au mieux. Le produit apparaît, en règle générale, sous forme de poudre d'or. La répartition de l'or extrait se fait pour moitié aux collecteurs et pour moitié aux possesseurs de la mine. Mais, le souverain jouit d'un droit de propriété éminent sur le sous-sol du royaume, et organise le plus souvent l'exploitation du gisement. Bref, le gros de la production revient au roi.

III. L'ESSOR DE L'ARTISANAT

Notons entre autres l'existence du textile dont la consommation progresse tout au long des siècles, soutenue par une production inégale, selon que l'on se situe sur la côte ou à l'intérieur des terres. Quant aux autres métiers, notamment la métallurgie, ils s'implantent durablement dans le nord de la région. C'est le moment de rappeler que les Hwela et autres artisans spécialisés dans la forge, d'origine soudanaise, installés dans la zone de Begho à une époque reculée, ont produit des émules, tout aussi habiles dans la fabrication des outils, des armes et objets artisanaux.

A. le textile

Arrêtons-nous d' abord au textile en commençant par examiner l'usage qui en était fait.

1. Sa consommation

Les tissus en coton, laine ou soie en provenance du Soudan n'étaient pas inconnus, mais ils n'étaient pas d'un usage courant, étant le plus souvent réservés à ceux qui occupent les degrés supérieurs de la hiérarchie sociale[39]. Selon Pieter Marées, ce sont les Portugais qui auraient diffusé l'usage de vêtement parmi les habitants de la Côte d'Or. Auparavant, ils avaient « l'habitude d'aller tout nus ». Il prétend tenir cette information des intéressés eux-mêmes:

> Ainsi nous ont raconté les Negros que la vergogne et honte leur sont venues avec l'arrivement de nous autres d'Europe et ce principalement autour du rivage de la mer, car par avant ne faisaient-elles nul cas d'aller nus[40].

Ces affirmations ne sauraient être prises à la lettre: quelle qu'ait été la situation initiale, nous savons que les commerçants soudanais ont précédé, dans la région, les Européens; s'il y a eu innovation en matière de vêtement, c'est donc à eux que revient la responsabilité. Mais l'importation des tissus européens a certainement favorisé les progrès de l'habillement. La comparaison des descriptions du XVIe siècle. avec celles du XVIIe siècle, met en évidence une évolution sensible: les premières nous présentent des personnages nus ou très sommairement vêtus; au XVIIe siècle, au contraire, si la tenue des paysans et des pêcheurs, notamment lorsqu'ils vont au travail, reste très simple et se réduit à un cache-sexe et à une pièce de toile grossière passée autour des reins, les notables, hommes et femmes, ont désormais une « garde-robe » richement fournie, culottes et pagnes pour les premiers, longues jupes et chemises de soie pour les

---

[39] J. Bato'ora Ballong-Wen-Mewuda, *op. cit.*, tome 1, p. 311.
[40] De Marées, *op. cit.* p. 14.

secondes; cette tenue d'autre part doit être fréquemment renouvelée, car elle est soumise aux variations de la mode.

2. Sa production

La consommation d'étoffe a donc progressé entre 1500 et 1700. Mais qu'en a-t-il été de la production ? Il faut distinguer le littoral de l'arrière-pays. A l'occasion de l'une de ses escales, Towerson fait état en 1555 de « tissus de fabrication locale »; or, au XVIIe siècle, aucun des auteurs, ni Barbot, ni Bosman, ni personne, ne mentionnent l'activité du textile sur la côte. Les célèbres pagnes à *5 ou 6 bandes* de la côte des Quaqua, dont parlent Samuel et Brun et les autres, viennent en réalité de l'intérieur. Nous pouvons donc ratifier l'opinion de Reindorf, selon laquelle l'afflux des soieries, des cotonnades et des toiles apportées par les Européens, aurait contraint les tisserands locaux à renoncer à leur occupation; apparemment, l'artisanat textile ne survécut sur la côte que sous une seule forme, celle de la préparation et du tressage des fibres d'écorce ou des feuilles de palmier.

Dans l'arrière-pays, la situation semble différente. Dapper, Barbot, Loyer, tous présentent N'zoko et Wankye comme des centres fort actifs pour la filature et le tissage. Des « experts » auraient été invités du Soudan par les souverains de l'époque à s'installer dans la région. Du nord du pays fortement soumis à l'influence soudanaise, le tissage se répand dans le reste de la région.

B. Les autres métiers.

De même, c'est du Soudan qu'arrivent les autres métiers: la métallurgie du fer, celle du cuivre, le travail de l'ivoire, la fabrication des perles. Les découvertes archéologiques, faites dans le nord du Ghana actuel, sous la direction du professeur Posnansky, attestent l'existence de tous ces métiers. Selon les traditions recueillies en pays asante et bono, les souverains installent dans le pays, non seulement des tisserands, mais aussi d'autres artisans comme les fabricants de perles de verre. Ainsi, en est-il du roi Yeboa Ananta (1577-1591) et de la reine Akua Gyamfiwa (*circa* 1621). Cet essor de l'artisanat a d'abord été le fait des Numu, puis des autres Soudanais arrivés ultérieurement dans le pays. Grâce à eux, les diverses techniques artisanales se répandent.

Au contact de l'Europe, cet artisanat ne disparaît pas. Ce qui a pu décliner, c'est l'extraction du minerai, progressivement remplacé par les barres de fer d'origine européenne, qui occupent une part non négligeable des cargaisons de l'époque. En revanche, la forge semble connaître une activité intense; à l' exception des clous et des serrures, les forgerons paraissent capables de fabriquer tous les objets dont leurs compatriotes ont besoin, en temps de paix comme en temps de guerre: lames de houe, hameçons, crochets, mais aussi armures, couteaux, piques, sabres, javelots, pointes de flèches... A Assinie, ils sont même en mesure de remettre en état les fusils hors d'usage[41].

Leur habileté est l'objet de beaucoup d'éloges de la part d'un Towerson par exemple, et le rôle des Européens consiste simplement ici à fournir la matière première, car l'outillage est d'origine africaine (enclume, pinces, marteau et soufflets). De même, c'est du Soudan que la forge se répand en Côte de l'Or.

On peut alors se demander, en conclusion, quelle est la part exacte des Européens dans le processus de transformations que nous venons de décrire. On peut leur attribuer l'apport de nouvelles plantes vivrières et de nouveaux produits finis. Par ailleurs, ils suscitent de

---

[41] G. Loyer, *op. cit.* p. 219

nouveaux besoins et créent de nouveaux débouchés pour la production locale. En revanche, sur le plan des techniques, leur apport est nul et parfois même négatif. Une exception doit être faite pour l'agriculture : l'influence de l'Europe a été, probablement, prépondérante dans l'adoption de certaines cultures telles que le maïs, la canne à sucre ou encore l'ananas. Concernant l'or et tout particulièrement sa production, les Européens ont été tenus rigoureusement à l'égard. Les méthodes d'extraction mises en œuvre, importées du Soudan, originaires sans doute des gisements du Bambuck et du Bouré, se sont répandues dans le pays à partir de Begho et de Bono, introduites depuis la fin du XIVe siècle par les immigrants Ligbi et leurs acolytes Numu. De même c'est du Nord que sont venus les métiers à tisser et la forge, dont les productions seront étouffées sur le littoral par l'abondance des étoffes et des autres importations européennes. Il importe, en conséquence, d'avoir à l'esprit les limites de l'influence européenne à cette époque lorsqu'on la compare avec celle des Soudanais.

IV. L'EMERGENCE ET LE DEVELOPPEMENT DE NOUVEAUX RAPPORTS DE PRODUCTION

L'irruption étrangère, mandé d'abord, européenne ensuite, a aussi provoqué, dans plusieurs branches d'activité liées au « marché », l'apparition des rapports de production de type esclavagiste.

A. **Les institutions des peuples côtiers avant l'irruption mandé**

A la veille de l'irruption mandé dans le golfe de Guinée, quelles étaient les institutions des peuples de la Côte d'Or et de la Côte de Quaqua ? Sur le plan de l'organisation sociale du travail en particulier quelle était la situation ? Dans le Soudan, l'utilisation des esclaves dans plusieurs branches d'activité, y compris l'agriculture, était une certitude au temps des Mansa du Mali. Souvenons-nous des esclaves travaillant dans les rizières du Mansa le long du fleuve, sous la surveillance d'un *fanfa* ou contrôleur, sans oublier ceux qui étaient utilisés dans le commerce à transporter de lourdes charges sur leur tête. Mais qu'en était-il en Côte de l'Or ?

Il faut avouer ici notre ignorance. L'hypothèse la plus vraisemblable, admise depuis la monumentale étude de Terray sur la région publiée en 1995[42], serait d'admettre que les Mandé n'ont trouvé sur le chemin que des sociétés villageoises ou lignagères, parfois peut-être pourvues d'une chefferie embryonnaire. Les études de H. Mémel-Fotê, récemment publiées, paraissent abonder dans le même sens à propos des sociétés forestières ivoiriennes, voisines de la côte et de la vallée lagunaire proche, à la même époque. S'il reconnaît l'existence de plusieurs modes de production : domestique, tributaire, le rapport de production lignager était dominant dans toutes les autres sociétés du rivage ivoirien actuel et de son arrière-pays, hormis dans quelques rares sociétés comme les Essuma au XVIIIe siècle, les Neyo et Kweni à la fin du XIXe siècle[43].

Cependant, depuis les résultats des fouilles archéologiques, entreprises par le couple Shinnie, il y a lieu d'être plus circonspect, car des traces de nombreuses et grosses villes ont été révélées dans cette zone, dont l'existence remonterait au moins à un millier d'années

---

[42] E. Terray, *Une histoire du royaume Abron du Gyaman. Des origines à la conquête coloniale.* Paris, Kathala, 1995, 1057 p.
[43] H. Mémel-Fotê, *l'esclavage dans les sociétés lignagères de la forêt ivoirienne (XVIIe-XIXe siècle)*, CERAP-IRD, Abidjan-Paris, 2007, 1010p. (p.235).

B.C.[44] Il serait difficile de croire, dans ce cas, que nous ayons affaire à des sociétés segmentaires ou villageoises. On peut donc admettre, sans le moindre doute, que sous l'influence du commerce soudanais, ces rapports préexistants à l'intrusion des premiers Européens se sont intensifiés et développés. Le fait même que, pendant plus d'un demi-siècle, les Portugais aient, chaque année, importé des centaines d'esclaves dans le pays souligne bien que leur arrivée a pour le moins accéléré un processus préalablement existant.

B. Les institutions des Akan du nord et des Soudanais

Les Akan du Nord, fortement influencés par les peuples soudanais depuis de longue date, sont déjà dotés de structures socio-économiques et politiques fortement centralisées. Ils entament leur descente vers la côte au XV^{e}siècle, probablement au moment où les premiers Européens y font leur apparition. Ces groupes akan, venus du Nord, sont déjà fortement imprégnés de la culture et de la civilisation soudanaises, au contact des premiers Dyula parvenus au nord de notre zone d'étude, au plus tard au XIVe siècle.

Ces nouveaux venus sur la côte, Soudanais ainsi qu'Akan du nord, sont issus de sociétés déjà stratifiées, largement pénétrées par *l'économie marchande* et munies de *structures politiques relativement fortes*, en ce qui regarde surtout le Mali, pays d' origine des Dyula. Mais surtout, ces sociétés, venues du Nord, connaissaient déjà une forme d'esclavage particulière, différente de l'esclavage de type patriarcal, où les esclaves insérés dans les groupes familiaux ne jouaient pas de rôle spécifique.

---

[44] Peter et Amma Shinnie, *Early Asante*, Calgary, Department of Archaeology, University of Calgary, 1995, 20 p. (Cf. p. 7 et 18).

Le Mali dont étaient issus les marchands du nord, mais aussi le Ghana et le Songhay offrent l'aspect d'une société où l'esclavage occupe déjà, en tant que tel, une position importante dans divers secteurs de la production, aussi bien dans le domaine agricole que dans le secteur commercial. Dans l'ancien Mali, par exemple, au dire d'Ibn Batuta, les esclaves assurent l'extraction du sel à Teghaza, celle du cuivre à Takeda. En milieu urbain, l'esclave occupe aussi une place prépondérante aussi bien dans l'artisanat que dans le commerce de détail. Au Songhay, l'esclave s'adonne à la production du riz, dans les marais le long du Niger, pour le profit du Souverain... Bref, dans le Soudan médiéval, nous avons affaire, non seulement à un esclavage domestique ou un esclavage de cour - serviteurs du prince, concubines, énuques, etc.- mais aussi, dans certains secteurs clés, à une véritable *production esclavagiste.*

1. L'introduction de la production esclavagiste dans le golfe de Guinée

L'expansion mandé eut à répandre cette production esclavagiste, non seulement dans la boucle du Niger et dans le voisinage immédiat, mais jusque dans le golfe de Guinée, dans les environs de la Mine et dans l'arrière-pays de la Gold-Coast et de la Côte des Quaqua. En ce qui concerne l'extraction de l'or et la circulation de ce métal, la situation est des plus claires ; de Barros ainsi que Valentim Fernandes s'accordent à reconnaître que les Dyula, qui se rendent du Soudan à la côte ou qui en reviennent, conduisent des caravanes comptant « cent ou deux cents esclaves ou même davantage ». D'autre part, des témoignages ainsi que certains vestiges archéologiques attestent l'existence d'une production aurifère de nature esclavagiste, antérieure à l'arrivée des Européens. A cet égard, on peut tout particulièrement faire appel aux enceintes circulaires du pays lobi, ainsi qu'aux enceintes circulaires découvertes plus récemment à la Séguié et à la frontière de l'Indénié et du Ghana, précisément à Konvi Andé. Contrairement à l'interprétation tentante qu'en ont faite certains chercheurs, ces monuments ne sont pas des ouvrages à caractère militaire: en effet, on n'y trouve aucun des dispositifs - fossés, créneaux, meurtrières, etc. - qui, sous toutes les latitudes, caractérisent les places fortes; ils seraient plutôt des « camps de travail » destinés à la main-d'œuvre servile, employée dans les mines. Le père Hébert et Paley-Parenko, qui ont été les premiers à les révéler, les qualifient, sans ambages, de « captiveries », destinées à héberger les esclaves affectés à l'extraction de l'or.

L'un des indices les plus certains de l'extension de la production esclavagiste vers le Sud, c'est le développement du commerce des esclaves, attesté par les écrits portugais du XVIe siècle. Les Portugais, sitôt arrivés à La Mine, y introduisent des esclaves enlevés tantôt au Bénin, tantôt à la côte des Graines et même d'Arguin. Un peu plus tard, ils se ravitaillent en esclaves à la côte des « Kwakwa » au profit d'Axim, selon Eustache de la Fosse[45].

A qui ces esclaves sont-ils vendus ? Pour une part au moins aux marchands mandingues qui les conduisent vers le Nord. Mais la majeure partie des effectifs est affectée à la production du sel et à l'extraction de l'or, sur la côte et dans les régions voisines. Dapper, Tylleman, Pieter de Marées, Valentim Fernandes, tous ces auteurs sont unanimes à affirmer que les rois du pays possèdent de nombreux esclaves qu'ils font travailler dans les mines. Valentim Fernandes écrit:

---

[45] Eustache de la Fosse, *Voyage à la côte occidentale d'Afrique, en Portugal et en Espagne (1479-1480),* in Brasio, 1953, III, p. 93.

Les mines sont très profondément enfoncées dans le sol. Les rois ont des esclaves qu'ils mettent dans les mines et ils leur donnent des femmes qu'ils emmènent avec eux, et ils engendrent et élèvent des enfants dans ces mines.

Beaucoup d'entre eux succombent à la tâche, par épuisement ou par accident, et c'est sans doute en raison de son caractère pénible et périlleux que ce travail leur est réservé. Ils l'accomplissent sous l'œil vigilant de contremaîtres appelés « bomba » qui centralisent et trient le produit pour le compte du propriétaire du gisement.

Sur la Côte des Quaqua, tout porte à croire que la majorité des esclaves saliniers qui peuplaient les « carbets » et hameaux de la plage, provenaient des Etats voisins du Nord, producteurs d'or, principalement de l'Aowin ; ils étaient acquis, pour la plupart, en échange du sel. Leur nombre semble s'être accru au tournant du XVIIe siècle. Bien qu'elle soit difficile à déterminer, la proportion de ces esclaves était relativement importante par rapport à l'estimation globale de la population. Selon les chiffres avancés par Mémel-Fotê, obtenus à partir des sources de l'époque, essentiellement du père Loyer, les esclaves représenteraient pour plus de la moitié des habitants de Soco et des îles environnantes. Quant à leur activité, elle se ramenait fondamentalement à la fabrication du sel[46].

D'autre part, les caravanes de transport de marchandises sont essentiellement composées d'esclaves dont le nombre croît progressivement d'une époque à l'autre : de 20 à 30 à la fin du XVIe siècle, l'effectif moyen des caravanes passe à 150 ou davantage au cours

---

[46] H. Mémel-Fotê, *Esclavage, traite et droits de l'homme en Côte d'Ivoire de l'époque coloniale à nos jours*, édition CERAP, Abidjan, 2006, 269 p. (p.94-95).

de la première quinzaine du XVIIe siècle et à 200 ou 300 au milieu de ce même siècle.

Le développement des rapports de production de type esclavagiste, en particulier dans les secteurs les plus étroitement liés aux échanges : extraction de l'or et portage, n'a-t-il pas influé sur les économies et les sociétés de la Côte de l'Or ?

2. Ses conséquences sur les sociétés lignagères de la côte

Si la production esclavagiste, dans les sociétés côtières, reste limitée, ses conséquences n'en ont pas moins été capitales sur les sociétés voisines de l'intérieur du pays, car il a fait surgir des *problèmes nouveaux* que les sociétés segmentaires n'étaient pas à même de résoudre. Entre autres, elle a concentré une main-d'œuvre servile, soit sur les caravanes, soit sur les lieux d'extraction d'or, aux seules fins d'acquérir, par l'échange de la production esclavagiste, des biens de luxe en quantité croissante.

A la longue, les modalités du « recrutement » des esclaves se transforment: les captures isolées ne suffisent plus; il faut les compléter ou les remplacer par des razzias. Par ailleurs, une surveillance particulière doit être exercée pour intensifier d'une part le travail de production et d'autre part pour empêcher les évasions. D'où la nécessité pour les sociétés lignagères de renforcer leurs structures et de concentrer leurs forces.

CHAPITRE VIII

CONCURRENCE COMMERCIALE ET CROISSANCE ECONOMIQUE

Est-il possible d'esquisser un bilan quantitatif des transactions intervenues sur la Côte de l'Or et la Côte des Quaqua entre Européens et Africains pendant la période considérée ? Comment les « termes de l'échange » ont-ils évolué ? Qui, des deux partenaires –Européens et Africains – en a tiré le plus grand bénéfice ?

I. LE RENCHERISSEMENT ACCENTUE DE L'OR

En observant les transactions sur la longue durée, une évidence éclate aux yeux ; l'or cédé par les Africains prend progressivement de la valeur au cours des siècles : pour un même poids de métal, les Européens doivent donner des quantités croissantes de marchandises dont la valeur ne varie guère sur la période; on peut en déduire que le « prix » de l'or s'élève, et que la troque de l'or devient pour les Européens de moins en moins fructueuse.

Le mouvement en est le suivant. Au commencement du XVIe siècle, le commerce portugais est fort rentable. Pacheco Pereira révèle, en 1506-1508, que le profit de ce commerce pour les Portugais est *de cinq pour un* et davantage. Un siècle plus tard, la situation s'était fort bien dégradée à Sao Jorge et Axim, devenus pour Lisbonne non plus une source de gain, mais au contraire une charge:

Le Château de Mina cause désormais plus de dommage au Roi que de profit, et, pour ce que le commerce des Portugais se y va anéantissant tellement qu'ils ne démènent là plus nul train de marchandises[47].

Le commerce hollandais qui succède au portugais connaît à son tour une évolution similaire: prospère à la fin du XVIe siècle, il fléchit dès la deuxième décennie du XVIIe siècle. En effet, Samuel Brun écrit en 1617:

> Autrefois les Hollandais ont gagné dans ce pays les bénéfices qu'ils ont voulus. C'est cela qui a donné à la Hollande tant de riches marchands. En effet, ils en ont entretenu toute une compagnie. Mais aujourd'hui elle s'est disloquée. Cela a appauvri beaucoup de gens et au contraire enrichi les noirs; en effet, il y a quelques années, il ne venait pas ici plus de quatre navires par an. Aujourd'hui il en vient bien vingt et pourtant il n'y a pas avantage d'or qu'avant; aussi ils font monter le prix de l'or et l'épuisent[48].

Corrélativement les taux de profit diminuent. A la fin du XVIIe siècle, le profit retiré par les Européens du commerce de l'or n'est plus que de 45 à 60%, 70% dans le meilleur des cas. En valeur absolue, ces chiffres demeurent certes élevés, mais il faut les rapprocher des « cinq pour un » cités par Pacheco Pereira pour apprécier le sens et l'ampleur du changement qui s'est accompli entre 1500 et 1700.

A. L'explication de cette évolution

Quelle explication donner à cette évolution ? Cette nouvelle conjoncture s'explique par le renversement

---

[47] P. de Marées, *op. cit.* p. 86
[48] D. Ruiters, *Toortse der Zeevaert,* éd. Par S.P. L'Honoré Naber, La Haye, 1913, p.73.

progressif du rapport de forces entre les partenaires commerciaux. Du côté européen, on passe d'une position de monopole rigoureusement maintenue à une situation de compétition anarchique et sans frein. Du côté africain, au contraire, après une première période d'interrogation et de timidité, on apprend à se défendre, à utiliser les lois du marché, et surtout à s'organiser pour dicter les conditions de l'échange et fixer les prix.

A l'origine, les Portugais, maîtres sur l'ensemble du rivage marin, parviennent à tenir à l' écart de la Côte de l'Or les vaisseaux des nations rivales, et à s'imposer comme interlocuteurs exclusifs aux populations de la contrée. Vis-à-vis de leurs partenaires africains, ils se montrent brutaux, malhonnêtes, refusant d'accepter les marchandises avariées, lorsque la transaction a été préalablement effectuée. A partir de 1530, cependant, les Portugais ne réussissent plus à écarter la concurrence française et anglaise, et celle-ci gagne très vite la préférence des Africains, essentiellement pour trois raisons: d'abord les nouveaux venus offrent aux Africains des prix plus avantageux, ensuite les équipages des vaisseaux s'en tiennent au commerce de rade et sont donc pressés par le temps: il leur faut écouler toute leur cargaison pendant les quelques semaines que dure leur séjour sur la côte, sous peine que leur voyage se solde par de lourdes pertes; il suffit donc aux Africains d'attendre pour obtenir un traitement plus favorable; en troisième lieu, la compétition est vive entre les navires des diverses nations et les rivalités qui dressent les Européens les uns contre les autres affaiblissent leur position et leur « *bargaining power* »; enfin, le déroulement même des transactions établit entre acheteurs et vendeurs des rapports beaucoup plus égaux: avant qu'elles ne s'engagent, on échange des otages, on compare les poids et les mesures, et l'on s'entend sur les taux selon lesquels le troc s'accomplira; c'est seulement alors que les livraisons interviennent.

Ainsi le commerce de rade, à la différence de celui des forts, instaure entre ses protagonistes un équilibre auquel, pour leur part, les Africains resteront profondément attachés: d'où la faveur avec laquelle ils accueilleront au siècle suivant les vaisseaux « interlopes ».

B. Les réactions de part et d'autre

Cette mutation dans les rapports, dans un contexte de concurrence généralisée, va générer de nouvelles et diverses réactions aussi bien du côté européen qu'africain.

1. Réaction portugaise

Les Portugais, jaloux de leur monopole, ne peuvent supporter que difficilement la désaffection des forts en faveur du commerce de rade. Aussi, les occasions de conflit se multiplient-ils: ils n'hésitent pas à châtier les Africains qui osent entretenir quelque contact avec les bâtiments « étrangers »: destruction des embarcations, de villages, réduction en esclavage, décapitation comptent parmi les punitions qui guettent les Africains qui osent défier les Portugais. Une telle politique de violence oblige Lisbonne à entretenir sur la côte des garnisons et une flotte importante. Du coup, les dépenses afférentes réduisent à rien les bénéfices des forts.

2. Réaction des Hollandais et des autres Européens

Les Hollandais qui succèdent aux Portugais, en dépit de leurs espérances, ne retrouveront jamais la position privilégiée qui avait été initialement celle de leurs prédécesseurs. En matière de fraude, les Hollandais et leurs rivaux français, anglais et danois ne renoncent pas aux pratiques que les Portugais avaient inaugurées au cours du siècle précédent, mais ils se heurtent plus vite encore que leurs devanciers à une vigilance accrue des acheteurs africains.

3. La réaction des Africains
- **Au plan commercial.** Vis-à-vis des Portugais, les Africains, devenus plus expérimentés et avisés dans le négoce, augmentent le prix de leur or, le falsifient au besoin, mieux, passent à la résistance. A l'égard des Hollandais et des autres Européens, ils ont la même attitude de méfiance. D'abord, les pilotes et les interprètes africains exigent désormais de leurs interlocuteurs européens le versement d'une gratification, le célèbre *dash*. Celui-ci leur assure un enrichissement rapide. Ensuite, les Africains s'entourent d'innombrables précautions: d'abord, ils vérifient systématiquement les balances, poids et mesures; ensuite, ils éprouvent minutieusement les produits qui leur sont offerts; enfin, ils comparent longuement les cargaisons proposées par les différents vendeurs. Bien entendu, concurrence oblige, les Européens exaspérés se soumettent à ces contrôles. De même, lorsque dans les forts, les marchands africains ont le sentiment d'avoir été trompés, ils menacent en dernier recours de porter leur or ailleurs.

Quant à la falsification de l'or proposé aux Européens, elle devient une véritable industrie. Dans un premier temps, les Européens tentent de s'y opposer, en frappant ceux qui s'y adonnent, de diverses sanctions - bastonnades, confiscations - mais vers le milieu du XVIIe siècle, ces mesures tombent en désuétude, car la répression est devenue inefficace. La pratique est devenue tellement courante que parfois les Européens sont obligés d'accepter de l'or faux pour en obtenir du vrai. C'est notamment ce qui se passe lorsque l'or est écoulé sous forme de « fétiche ». Cette évolution souligne bien le changement intervenu dans l'équilibre des forces en faveur des Africains.

- <u>Au plan politique</u>

Les Africains acceptent parfois de signer des traités réservant l'exclusivité de leur négoce à telle ou telle compagnie européenne, mais ils n'en respectent jamais les clauses. Ayant compris le parti qu'ils pouvaient tirer d'une compétition entre partenaires européens, ils se sont ingéniés à l'encourager. Par la suite, les Africains passent outre à des engagements formels, les principaux Etats de la côte, Fetu, le pays fanti, Accra accueillent chacun : deux ou trois établissements rivaux, tandis que se pressent aux escales une multitude de vaisseaux arborant les pavillons les plus divers; en 1669, Müller en dénombre jusqu'à quarante mouillés côte à côte dans la rade de Cape-Coast. Parfois les Européens, ou du moins les équipages des navires, tentent de remédier à la détérioration de leur position en concluant des ententes, en la circonstance, les interlopes jouent un rôle décisif: ils offrent leurs marchandises à des prix qui sont inférieurs d'un tiers à ceux des établissements fixes; étant dès lors assurés de trouver acquéreurs, ils n'acceptent aucune discipline et n'hésitent pas à braver les châtiments- confiscations, amendes- qui les attendent s'ils sont capturés. Leur intervention ruine ainsi les compagnies qui doivent, elles, supporter les frais généraux liés à l'entretien des forts et de leurs garnisons.

II. QUE RETENIR DE LA CONJONCTURE DU XVIIe SIECLE ?

A. Afflux d'articles européens sans préjudice pour l'indépendance commerciale et politique des Africains

La situation joue donc à l'avantage des Africains. Car la Côte de l'Or connaît – et sans doute l'ensemble du golfe de Guinée – au XVIIe siècle, un afflux de marchandises européennes sans précédent, dans des conditions toujours plus avantageuses. Or, dans le même temps, rappelons-le, les nouvelles cultures, introduites par les Européens, permettent une diversification et sans doute un accroissement de la production agricole, tandis que l'extraction de l'or se maintient ou s'intensifie : dès lors le XVIIe siècle apparaît dans l'histoire de la région comme une ère de croissance économique.

Un autre aspect qui mérite d'être souligné: c'est le caractère purement marchand de la relation qui s'est établie entre Européens et Africains ; les rapports entre les parties prenantes sont exclusivement régis par la recherche du profit. Dans cette relation, les Africains ont su préserver, non seulement leur indépendance commerciale, mais aussi leur indépendance politique, et ceci mérite d'être médité.

B. Chute des exportations d'or et essor de la traite négrière

La conjoncture du XVIIe siècle est aussi et surtout marquée par la chute des exportations d'or et l'envolée de la traite négrière à partir du milieu du siècle. Dès 1650 environ, le volume des exportations d'or connaît une chute rapide. Les témoignages des voyageurs européens ainsi que les données, fragmentaires, tirées des livres de compte des compagnies en font foi. Barbot, qui visite à plusieurs reprises la Côte de l'Or dans les années 1680, déclare que les exportations d'or s'élèvent alors à 12 000 marcs par an ; 8 000 d'entre eux sont dirigés vers l'Europe ; le quart de ce total est acheminé par la Compagnie hollandaise, mais, note-t-il, sa part a diminué, passant de 3 000 à 2 000 marcs. De même pour Ducasse, il y a bien affaissement général. Ecrivant à propos de la Côte-d'Or, il souligne :

L'on ne peut pas établir des principes certains sur la quantité d'or qui se traite annuellement. L'on a eu des certitudes autrefois de 14 à 15 000 marcs. Et l'on juge qu'il ne s'en traite actuellement que 10 à 12 000[49].

Ducasse cite entre autres l'exemple d'Elmina :
Le commerce y a été autrefois plus considérable qu'il n'est à présent, où l'on faisait 2 500 marcs d'or, et présentement il ne s'en fait que 1 000[50].

Pendant la dernière décennie du XVIIe siècle, la chute s'accélère, selon Bosman qui écrit en 1705. A cette date, le total des expéditions ne se monte plus qu'à 7 000 marcs d'or par an, dont 1500 pour la WIC, 1200 pour la RAC, 1500 pour les « vaisseaux non-privilégiés zélandais », 1000 pour « les vaisseaux non-privilégiés anglais », 1000 pour les Danois et les Brandebourgeois, 800 pour les Portugais et les Français. Encore Bosman met-il en garde : ces chiffres s'entendent en temps de paix, « lorsque les chemins sont ouverts et que les marchands peuvent librement circuler ». Par ailleurs l'examen des archives de la RAC et de la WIC a permis à Daaku et Van Dantzig de confirmer, en valeur absolue, les moyennes avancées par nos sources. A partir de toutes ces informations, on peut risquer une synthèse approximative : si nous affectons l'indice 100 aux quantités d'or exportées au milieu du XVIIe siècle, la courbe retombe vers 1680 à l'indice 75, et vers 1700 à l'indice 50.

1. *Quelle est la cause de ce ralentissement des transactions sur l'or ?*
Tous les voyageurs et agents des compagnies de l'époque sont unanimes pour l'attribuer à la recrudescence des guerres entre nations africaines : la guerre entraîne en

---

[49] Ducasse (1688), in Roussier, *op. cit.* p. 7.
[50] *Ibidem*, p. 11.

effet la fermeture des pistes caravanières, empêchant les caravanes de l'arrière-pays de parvenir jusqu'aux comptoirs européens ; mais à leurs yeux, la prolifération des guerres s'explique à son tour par le développement de la traite : si, dans la seconde moitié du XVIIe siècle, les peuples africains multiplient les agressions contre leurs voisins, c'est en vue d'acquérir des esclaves qu'ils peuvent désormais revendre, avec profit, à leurs partenaires européens.

D'autre part, il était aussi connu des contemporains que l'activité commerciale de l'or, supposant la paix, était incompatible à l'activité négrière qui engendrait inévitablement une insécurité endémique. Face à ce qui leur apparaissait comme une insurmontable contradiction, les Européens eurent donc à faire un choix. Dans un premier temps, les Européens ont eu à préserver, sur un littoral ouest-africain largement ouvert à la traite négrière, dès la première moitié du XVIe siècle, la Côte de l'Or demeurée jusqu'au milieu du XVIIe siècle, comme une sorte d'îlot protégé, et c'est alors seulement que ce privilège a été violé. Dans ces conditions, deux questions se posent : d'abord, pourquoi ce retour et à cette date ? Ensuite, l'analyse des contemporains s'est-elle révélée juste ? La traite est-elle à l'origine du déclin du commerce de l'or ?

2. *Pourquoi ce changement d'attitude vis-à-vis de la traite ?*

Les raisons ne manquent pas du côté européen ; nous en avons deux qui paraissent majeures. Tout d'abord, l'expansion des plantations antillaises de canne à sucre et leurs exigences croissantes en matière de main d'œuvre font du commerce des esclaves une activité de plus en plus lucrative, dont la rentabilité, à la fin du XVIIe siècle, finit par dépasser celle du trafic de l'or ; tel est du moins le jugement des intéressés, qui en l'occurrence est bien l'élément décisif. En 1688, Ducasse, proposant à Seignelay la fondation d'un établissement à Assinie, assure :

> Comme cette dépense sera considérable, il moyen d'en ménager une partie pour le commerce. Il faut pour cela un fonds de 200 000 livres tournois, dont on emploiera une partie pour la traite de l'or et le reste en deux ou trois mille esclaves... L'on peut compter que le provenu des dits 200 000 livres en rendra 4 à 500 000[51].

De même, pour convaincre les directeurs métropolitains de la WIC de détourner les efforts de la Compagnie vers le trafic des esclaves, De la Palma leur soumet le calcul suivant :

> Nous pourrions...acheter en une seule année six mille esclaves ou même deux fois autant pour 45 florins chacun ; et chacun d'eux pourrait être vendu aux Indes occidentales pour au moins 210 florins. En retirant les frais de transport et les risques de mortalité, ceci rapporterait à la Compagnie chaque année un bénéfice net d'environ 600 000 florins.

Il est de fait qu'à la fin du XVIIe siècle, c'est la traite, et non pas le trafic de l'or, qui permet aux agents supérieurs de la WIC, sinon de prospérer, au moins de se maintenir. Bref, les experts sont formels : à s'en tenir au critère du profit, la balance penche nettement du côté des esclaves. Les Anglais sont les premiers à s'engager dans cette voie, suivis des Hollandais et des autres Européens.

La seconde raison, du côté européen, est celle-ci : l'expansion de l'Occident lui a permis de diversifier ses sources d'approvisionnement en métal précieux ; grâce en particulier à l'exploitation des gisements américains, les réserves européennes se sont considérablement gonflées ;

---

[51] Ducasse, *op. cit.* p. 31.

aussi, l'or de la Mine ne joue plus le rôle capital qui a été le sien entre 1471 et 1530. On comprend ainsi pourquoi les Européens de Côte d'Or ont donné leur préférence à la traite à partir des années 1650.

Qu'en est-il du côté africain ? Si la demande européenne d'esclaves suscite très vite en face d'elle une offre correspondante, c'est que la traite apporte une réponse relativement satisfaisante à un problème difficile et jusqu'alors mal résolu : que faire des prisonniers de guerre, en particulier lorsqu'ils sont nombreux ?

Les *tuer* ? Cela se produit sans doute parfois, dans la surexcitation qui suit immédiatement la victoire, et lorsqu'il s'agit de conflits particulièrement aigus; mais aucun témoin ne prétend que cette « méthode » soit appliquée systématiquement et « à froid ».

Les *rendre* ? C'est renoncer aux fruits du succès et permettre à l'ennemi de reconstituer ses forces.

Les *échanger contre rançon* ? C'est ce que l'on fait pour les grands personnages dont les proches sont en mesure de supporter les lourdes dépenses requises ; mais la plupart des captifs ne sont pas « solvables » : que peut verser un paysan africain pour racheter sa liberté ?

Les *conserver et exploiter leur travail* ? C'est sans doute la solution la plus souvent choisie, mais elle n'est pas facile à mettre en œuvre, et on n'y peut recourir que dans des limites assez étroites ; lorsque les adversaires qui se sont affrontés sont des peuples voisins, elle n'est guère utilisable, car les prisonniers pourraient aisément s'évader et regagner leur patrie ; il faut alors les revendre au loin à une tierce puissance, ce qui n'est pas toujours aisé ni rentable ; sur le plan politique, elle présente par ailleurs des risques certains : lorsque le vainqueur est un Etat dont la population est peu nombreuse, il ne peut guère accueillir d'importants effectifs de prisonniers de guerre, venus d'une même région et formant donc un groupe cohérent, sans mettre gravement en péril la sécurité interne; seul un royaume aussi puissant que l'Akyem peut se permettre dès 1629 de retenir à l'intérieur de ses frontières des esclaves en grand nombre.

L'ouverture du trafic négrier transforme profondément la situation : on peut désormais sans hésiter multiplier les rafles et les captures, puisqu'il sera toujours possible d'échanger leurs victimes contre ces marchandises européennes qui sont l'objet de tant de convoitises, et qui n'étaient auparavant accessibles en quantités massives qu'aux peuples à même de produire de l'or ou d'en contrôler la vente. Telles sont les raisons qui, à partir de 1650, amènent les Européens et Africains à se tourner vers la traite.

3. *Mais l'essor de la traite est-il effectivement à l'origine de la chute des exportations d'or ?*
La question, complexe, mérite ample examen. La prolifération des guerres, à l'origine du ralentissement des exportations de l'or, est une réalité. Que la complicité des Européens présents sur la côte, dans les guerres multiples, soit mise en cause, n'est pas non plus à mettre en doute. Quant aux souverains africains, ils ont été incités à multiplier les conflits pour des intérêts, certes lucratifs, mais surtout pour des ambitions politiques.

• La complicité des marchands européens

Qu'il y ait eu prolifération de guerres au cours de la seconde moitié du XVIIe siècle, et que celles-ci aient ralenti l'écoulement de l'or vers le littoral en même temps qu'elles y faisaient affluer les esclaves, ce sont là des faits incontestables sur lesquels tous les témoignages s'accordent. Mais, le problème devient alors de savoir si et dans quelle mesure c'est bien l'ouverture de la traite qui est la cause de la prolifération. Or, à cette question, on ne peut, à notre avis, apporter qu'une réponse nuancée.

Certes, il apparaît bien que les Européens modifient leur attitude vis-à-vis des conflits à partir du moment où ils s'intéressent à la traite : ce qui était jadis ressenti comme une catastrophe devient, sinon une aubaine, du moins une occasion dont il importe de tirer parti. Dans certains cas, ils provoquent directement les conflits afin de se procurer des esclaves, en vendant des armes à un souverain, à charge pour celui-ci de les payer avec des prisonniers qu'il aura pu acquérir grâce à elles. D'une façon générale, dans le cadre des conflits qui opposent mutuellement les compagnies les unes aux autres, les Européens n'hésitent plus à dresser leurs alliés africains les uns contre les autres : aux avantages commerciaux et politiques, tirés d'un éventuel succès, vient maintenant s'ajouter la possibilité d'acquérir de nombreux esclaves. C'est, à notre avis, cette compétition entre Européens, par Etats africains interposés, qui, au moins autant que les exigences directes de la traite, est à l'origine du foisonnement des guerres.

D'autre part et surtout, les intrigues et les pressions des Européens ne se développent que dans les limites de la zone côtière ; les grands affrontements qui embrasent l'arrière-pays à la fin du XVIIe siècle – épreuve de force entre l'Adansi et le Denkyira vers 1660, conquête de l'Aowin, du Sefwi et du Wassa par le Denkyira dans les années 1670, choc entre le Denkyira et l'Asante entre 1698 et 1701 – ne sauraient leur être attribués; ils relèvent d'un autre processus, celui de la formation des Etats.

En conclusion à cette question, soulignons que tous ces épisodes ont sans aucun doute perturbé la circulation de l'or, mais la responsabilité des Européens n'est directement engagée que dans ceux d'entre eux qui se produisent à portée de leur action, c'est-à-dire à proximité des côtes.

- Les mobiles politiques principalement à l'origine des affrontements entre souverains africains

On peut soutenir que l'influence de la traite s'est exercée de façon plus globale et plus diffuse : au moment même où l'introduction des armes à feu accroît sensiblement le potentiel militaire des Etats africains, le démarrage du trafic négrier confère aux prisonniers de guerre une valeur marchande qui va aller sans cesse croissant; les deux événements inciteraient donc l'ensemble des souverains africains à multiplier les guerres, sans qu'il y ait besoin d'une intervention formelle des Européens pour les y pousser.

Une telle argumentation implique que les Etats de la Côte d'Or ont livré bataille dans le but de se procurer des esclaves pour les revendre aux Européens. Cette thèse a été avancée dès le XVIIIe siècle. Nous répliquons qu'une telle thèse est indéfendable. Nous découvrons à l'origine des conflits des incidents locaux qui s'enveniment (actes de *panyarring*), des visées d'ordre économique (contrôle des mines d'or ou des routes de commerce) ou politique (désir de conquête ou d'hégémonie). La capture et la vente des esclaves apparaissent toujours, non pas comme une fin, mais comme un résultat, qui est en quelque sorte donné par surcroît.

Nous arrivons toujours au même verdict : il y a bien eu épidémie de guerres, mais nous ne saurions faire de la traite l'unique, ni même la principale fautive ; elle augmente certes les avantages de toute nature que le vainqueur peut espérer tirer de son succès, mais cet accroissement n'est pas, à lui seul, un enjeu suffisant pour provoquer l'affrontement, il y faut d'autres raisons, et en dernier ressort, ce sont bien les mobiles politiques – l'entrechoquement des orgueils et des ambitions déchaîné par le processus de la formation des Etats – qui jouent le rôle décisif.

4. La diminution du volume de la production d'or est-elle due aux opérations militaires ?

Il est d'abord important d'avoir à l'esprit que la production de l'or et son exportation sont deux opérations totalement distinctes : l'une, l'extraction, est aux mains des autochtones– rois ou sujets - qui sont propriétaires des gisements aurifères, et l'autre, l'exportation, opération commerciale, est effectuée par des marchands, assimilés le plus souvent à des étrangers.

Selon Rodney, la traite aurait nui non seulement à la circulation, mais bien à la production de l'or, parce qu'elle aurait diminué la quantité de main-d'œuvre susceptible d'être employée dans un secteur qui en demande beaucoup. Des opinions voisines ont été soutenues par les responsables hollandais de l'époque: à en croire le directeur de la Palma, la hausse du prix des esclaves amène les Africains à délaisser l'or pour la traite, *« parce qu'ils voient que celle-ci leur rapporte davantage »*, et il ajoute que *« cette côte s'est aujourd'hui complètement changée en Côte des Esclaves »* et que *« les naturels ne s'occupent plus aujourd'hui de rechercher l'or, mais préfèrent se faire la guerre pour se procurer des esclaves »*. Faute de bras en nombre suffisant, faute aussi d'assurer à ses promoteurs des bénéfices égaux à ceux du trafic des esclaves, l'extraction de l'or aurait donc connu, à la fin du XVIIe siècle, une période de recul, et c'est avant tout cette carence de l'offre qui aurait entraîné le déclin des transactions qu'enregistrent les observateurs européens.

L'examen de la question conduit à relever, dans un premier temps, qu'il s'agit là, non pas d'une constatation, mais d'une déduction : à cette époque, nous le savons, les Européens ignorent dans une large mesure ce qui se passe sur les gisements. Or, si logique et séduisant qu'il soit, le raisonnement n'est pas entièrement convaincant. Que lui manque-t-il pour qu'il soit démonstratif ? En premier lieu, la diminution des quantités d'or vendues aux Européens pourrait fort bien avoir été causée par une reprise des exportations en direction du nord, après une brève interruption liée à l'invasion marocaine de 1591, le volume du métal extrait restant pour sa part constant. Par ailleurs, en ce qui concerne les pertes de force du travail dues à la traite, il faudrait tout d'abord prouver qu'elles n'ont pas été compensées par une expansion démographique dont nous avons de bonnes raisons de croire qu'elle a été vigoureuse à cette époque. Il faudrait encore établir qu'elles ont précisément été infligées aux zones productrices d'or.

Il semble qu'une partie importante des esclaves expédiés vers le Nouveau Monde entre 1650 et 1700 ait été capturée lors de guerres opposant les Etats du littoral entre eux, ou aux royaumes de l'immédiat arrière-pays. Or, les principales contrées aurifères sont situées nettement plus au nord. A leur tour, ces contrées ont été le théâtre de multiples remous, mais ceux-ci ne semblent pas avoir durablement réduit leurs capacités de production. Prenons un exemple, celui de l'Aowin, et tentons d'en dresser un bilan rapide : il a été soumis par le Denkyira à l'extrême fin du siècle, vers 1680, et « depuis ce temps-là », nous dit Bosman, « nous n'avons presque point vu de leur or » ; nous savons pourtant par Damon que de nouveaux gisements y ont été découverts peu avant 1701, et en 1709, le témoignage de Dalby Thomas montre que l'Aowin a retrouvé son rang parmi les grands exportateurs d'or.

Les autres exemples pris dans le Wassa, l'Akyem, le Fetu ou ailleurs montrent bien que toutes ces régions aurifères ne connaissent pas de déclin dans leurs productions d'or. Ce qui affecte la production aurifère, ce sont les opérations militaires elles-mêmes, dans la mesure où elles mobilisent des effectifs importants et provoquent souvent l'exode des populations vaincues, mais le plus souvent ces perturbations sont temporaires. Tout se passe comme si les gouvernants africains, conscients des menaces que la traite pouvait faire peser sur la mise en valeur des gisements aurifères, avaient veillé à ce que les régions concernées échappent d'une manière ou d'une autre à ce danger.

Car, aux yeux des Akan, l'or n'est pas seulement, ni même principalement, un moyen pour acquérir des marchandises étrangères ; avant tout, il est en soi symbole de richesse, et cette observation nous permet de répondre à l'argument de De la Palma, selon lequel les Africains auraient abandonné la collecte de l'or pour la traite, jugée plus rentable. Si les bénéfices tirés du commerce de l'or sont inférieurs à ceux que procure la traite, ils renonceront peut-être à faire du métal jaune un objet d'échange, mais ils continueront à l'extraire parce qu'il joue, à l'intérieur de leurs propres sociétés, un rôle spécifique dans lequel il est irremplaçable. Que devient-il alors ? En Côte de l'Or comme dans le Mali ancien, la grandeur d'un Etat se mesure largement à la magnificence de son souverain et à la splendeur de ses trésors. Les traditions locales et les récits des Européens se rejoignent pour exalter les richesses fabuleuses dont ces royaumes disposent.

Nous espérons ainsi avoir montré que le déclin du commerce de l'or s'explique bien davantage par la genèse des Etats que par le progrès de la traite.

QUATRIEME PARTIE

LES AUTRES CONTACTS ENTRE EUROPEENS ET AFRICAINS ET LEURS IMPLICATIONS

Si l'objectif commercial fut dominant dans les rapports entre Européens et Africains, ceux-ci sont loin de se résumer aux échanges marchands; d'autres types de relations virent le jour, beaucoup moins connues, constituant, en quelque sorte la face cachée des contacts entre Européens/Africains dans cette zone du continent. L'intrusion européenne à l'intérieur des terres peut se répartir en deux rubriques: d'une part les ambassades conduites auprès de tel ou tel souverain, pour établir des liens politiques en vue de faciliter l'écoulement du trafic, d'autre part les efforts pour fonder dans l'arrière-pays des forts ou des comptoirs, s' approcher des mines d' or, en prendre le contrôle ou en ouvrir de nouvelles.

CHAPITRE IX

LES AMBASSADES A L'INTERIEUR DU CONTINENT ET LES TENTATIVES D'INSTALLATION

La plus grande partie du métal précieux négocié dans les comptoirs provient de l'arrière-pays, quelquefois de fort loin, transitant par des territoires intermédiaires; ainsi la réussite du négoce dépend-elle des bonnes dispositions à la fois des rois côtiers et des rois de l'intérieur du pays. D'autre part, le rythme d'affluence de l'or et des autres produits locaux en direction des comptoirs européens de la côte, est largement dépendant des rapports, bons ou mauvais, entretenus mutuellement par les souverains de l'intérieur. Aux temps de crises politiques et de guerres correspondent des périodes de ralentissement, voire de tarissement de l'afflux marchand. Il s'avéra donc important, pour les Européens, d'entretenir de bons rapports avec les uns et les autres, et de jouer, quelquefois quand les circonstances le commandaient, le rôle de médiateurs dans les conflits internes entre Etats de la région.

I. LES AMBASSADES A L'INTERIEUR DU CONTINENT

D'un point de vue chronologique, la période initiale est aussi celle de la plus grande hardiesse. Des délégations successives d'Européens, pour se mettre dans les bonnes grâces des autorités politiques de l'intérieur, prennent le chemin de l'Afrique profonde. Ces missions de bons offices, loin de se limiter aux Portugais et à la période portugaise, se succèdent tout au long des siècles, voire au-delà de la période étudiée, et sont accomplies entre autres par les Hollandais, successeurs des Portugais et quelques autres nations européennes. Contentons-nous d'en énumérer quelques-unes.

A. les missions portugaises

Entretenir de bonnes relations aussi bien avec les rois côtiers qu'avec ceux de l'intérieur, et jouer, quand les circonstances le requièrent, le rôle de médiateurs dans les conflits entre Africains pour préserver l'équilibre des forces politiques en présence s'était avéré comme la condition de réussite du négoce. Mieux, le cadre général de cette politique africaine est défini dès les premières années du XVIe siècle : chercher par tous les moyens à ce que règnent la paix, la concorde et l'amitié entre les populations locales et les Portugais d'une part, et entre les Etats africains, proches ou lointains d'autre part[52]. Pour la mise en œuvre de cette politique de coexistence pacifique, dont l'objectif final est de parvenir à établir des relations d'un commerce fructueux, les gouverneurs successifs, placés à la tête du comptoir d'Elmina, vont déployer une activité diplomatique soutenue auprès des chefs des différents Etats de la région.

Une première ambassade, partie de La Mine entre 1493 et 1495, est envoyée à « Mohamed ben Manzugul, petit-fils de Musa, roi de Songo » qui n'est autre sans doute que l'Empereur du Mali. A propos de cette visite, de Barros rapporte l'étonnement du Mansa à l'arrivée de la délégation.

---

[52] Voir « Regimento da Mina, 1929 », cité par J. Bato'ora Ballong-Wen-Mewuda, *op. cit.* tome 2, p. 399.

On peut aussi mentionner deux autres délégations portugaises, dépêchées de La Mine au Roi des « Acanes » (Assin). En 1550, d'autres messagers, partis du château de St Georges avec l'aide du souverain du Fetu, gagnent l'Etat des « Acanes » et poussent jusqu'à « Branna », situé à 4 jours de la côte.

L'immixtion des Portugais dans les affaires locales a donné lieu à plusieurs délégations auprès de plusieurs Etats de l'intérieur qu'il est impossible d'énumérer ici. Toujours est-il que les tentatives de pénétration à l'intérieur du continent s'interrompent dans la deuxième moitié du XVIe siècle, probablement du fait de la détérioration des positions portugaises sur la côte.

B. Les délégations hollandaises

Les Hollandais, plus tard, prendront le relais des missions à l'intérieur des terres, plus précisément au XVIIe siècle, lorsqu'ils s'apercevront que de grands Etats sont en train d'émerger au cœur de la zone forestière. En 1692, Bosman, alors facteur à Axim, expédie un messager africain au *Denkyirahene*, Boa Amposen, qui reçoit, au même moment, un agent des Brandebourgeois. En 1701-1702, c'est la célèbre mission de David Nyendaal à Kumasi. Les années suivantes, de nouvelles délégations visitent le Denkyira et l'Akyem.

C. Les ingérences britanniques

Malgré une situation commerciale moins enviable le long de la côte, et peut-être pour cette raison, les Anglais se montrent plus entreprenants à nouer des contacts avec les souverains de la région, au début du XVIIIe siècle. Après la bataille de Feyase qui s'achève par le triomphe de l'Asante et de ses alliés sur le Denkyira en 1701, les Anglais s'activent pour conquérir l'amitié de l'Etat le plus puissant de la région. Sir Dalby Thomas, le représentant de la *Royal African Company* à Cape-Coast, envoie successivement à Kumasi en 1704 et 1706 deux délégations qui y sont fort bien accueillies. La délégation de 1704 revient à Cape-Coast, mission accomplie, accompagnée « d'un grand nombre de marchands ashanti »[53]. Quant à la seconde mission, elle connut encore un plus grand succès. Chargée de présents dont « des casques à plumes, des étoffes écarlates et bleues brodées d'argent et d'or », la délégation britannique est accueillie à bras ouverts à Kumasi et en revient, comblée de « dashees » (cadeaux) et fort ravie : « *Ce roi est le meilleur de tous* »[54].

Enfin, faisons appel à une dernière initiative britannique, moins heureuse, qui se retourna au bout du compte contre les Anglais : en avril 1704, le roi de Fetu, Arhin Kuma, un fidèle allié que les Anglais avaient précédemment aidé à prendre le trône du royaume, meurt. Sir Dalby convoque alors la mère du nouveau prétendant, et, s'arrogeant tous les droits, fait sacrer cette femme, contrairement aux coutumes, la reine de Fetu. Certains des sujets de Fetu, appuyés par les Etats voisins, menacent de déclarer la guerre à la nouvelle reine. Sir Dalby, faisant fi des risques éventuels, maintient son choix en déclarant avec morgue : « *C'est moi qui l'ai faite reine, et je protégerai donc ma reine* »[55]. La suite de l'histoire fut

---

[53] P.R.O., T. 70/5, Sir Dalby Thomas à la Royal African Company, 2 mars 1706. Cité par A. Van Dantzig, *Les Hollandais sur la Côte de Guinée à l'époque de l'essor de l'Ashanti et du Dahomey (1680-1740)*. Paris, 1980, p.171.
[54] *Ibid.*
[55] *Ibid.*, lettres de Sir Dalby Thomas des 14 avril, 27 juin et 6 juillet 1704.

désastreuse pour le commerce britannique ; la reine nommée par Sir Dalby n'eut d'influence notable, ni dans le pays, ni à plus forte raison sur la relance du commerce. Bientôt le Fetu se retourna contre les Anglais, avec, comme conséquence notoire, la baisse drastique du commerce britannique.

II. LES TENTATIVES D'INSTALLATION A L'INTERIEUR

Les tentatives d'installation à l'intérieur des terres, en vue de l'exploitation aurifère, ont toujours été précédées d'une politique d'espionnage économique et commercial. Auprès de leurs hôtes de passage, les différents responsables des comptoirs côtiers s'informent sur les productions aurifères de leurs pays respectifs, leur origine et leur mode d'exploitation. Ils cherchent également à les provoquer sur les produits locaux et importés ainsi que sur les prix couramment pratiqués. Sur l'abondance du métal jaune, les Européens sont assez vite rassurés. Mais d'où provient-il ? Où est-il le plus abondant ? Comment est-il exploité ? Sur toutes ces questions, les réponses demeurent évasives et volontairement assez vagues, pour jeter la confusion dans leur esprit. Aussi, les tentatives d'installation, tout au long des siècles, demeurent-elles sporadiques.

A. Les Portugais

A plusieurs reprises, ils tentent d'exploiter l'or de la colline d'Abrobi, à quelques lieues au nord-ouest d'Elmina; mais en 1622, l'entreprise ferme définitivement, à la suite d'un éboulement qui ensevelit de nombreux travailleurs. L'année suivante, les Portugais décident de bâtir un fortin au confluent de l'Ankobra et de la Duma, et commencent à extraire l'or de la colline d'Aboasi. Cependant, en 1636, ils désertent la région, selon certaines informations, en raison d'un tremblement de terre, selon d'autres versions à cause de la découverte de filons d'argent, considérée comme un mauvais présage par la population locale.

B. Les Hollandais

L'établissement des Hollandais à Fort Ruychaver, sur les rives de l'Ankobra entre 1653 et 1659, ne connaîtra pas une fin plus heureuse: le commandant du fort se querelle avec ses voisins africains qui assiègent sa résidence. Sous prétexte de négociations, il invite ses adversaires à se rendre auprès de lui et se fait sauter en leur compagnie.

Au total, jusqu'à la fin du XVIIIe siècle si l'arrière-pays n'est pas resté aussi rigoureusement fermé aux « Blancs » qu'on l'a parfois dit, il n'en reste pas moins que leurs efforts de pénétration ont été très espacés, très timides, et n'ont produit aucun résultat durable. L'influence des Européens s'est donc exercée de façon indirecte, par l'intermédiaire des objets, des usages et des idées introduites à partir de la côte, et qui se sont répandus dans l'arrière-pays. Les Européens et tout particulièrement les Portugais ont tenté de domestiquer les Africains, leurs clients habituels, par une politique d'acculturation.

CHAPITRE X

POLITIQUE EUROPEENNE D'ACCULTURATION

Pour parvenir à leurs fins qui étaient avant tout d'ordre commercial, les Européens usèrent, non seulement de moyens politiques et diplomatiques, mais encore eurent-ils recours à la religion et aussi à l'école. Pour faire des Africains, des partenaires commerciaux crédibles, il était important d'établir entre eux et les Européens des rapports harmonieux. Ce fut cet objectif bassement intéressé qui fut fondamentalement assigné à la religion, et accessoirement à l'école.

I. LA RELIGION

Pour le Portugal, à qui est confiée en particulier l'évangélisation des terres découvertes, la religion doit jouer un rôle de substructure dans l'établissement des rapports harmonieux entre l'Afrique et la chrétienté. L'évangélisation des Africains est donc saisie comme auxiliaire du commerce, leur conversion au christianisme devant faire d'eux des partenaires commerciaux crédibles.

On connaît très mal ce qu'ont été les premiers résultats de l'évangélisation portugaise au cours des vingt premières années d'existence du comptoir-château placé sous le patronage de saint Georges. Le refus par le souverain local, Kwamena Ansah, du christianisme, a dû inciter les Portugais à se montrer discrets sur ce chapitre en cette période initiale de la vie du comptoir.

Dès 1503, une chapelle est construite à Axim et une autre à Efutu; en 1575, une église est érigée à Komenda, une autre à Efutu. Les premières conversions retentissantes remontent à 1503; il s'agit de celles du roi de Fetu, Sasaxy, et d'une grande partie de ses sujets, « *environ trois cents notables, deux femmes et un fils du roi, et plus de mille personnes, adultes et enfants* ». Mais, l'espoir d'une évangélisation rapide fut mis à mal en 1578 par le massacre de trente prêtres au cours d'une guerre entre Efutu et Portugais. Il faudra attendre les années 1630 pour que reprennent les efforts d'évangélisation, derniers soubresauts avant la fin désastreuse de la domination des Portugais d'obédience catholique, évincés de la côte par les Hollandais de religion protestante.

Deux autres expériences sont successivement tentées par des dominicains français en 1637 et 1687 plus à l'ouest, dans la région d'Assinie. Mais, ici comme sur l'ensemble de la côte, la semence de l'évangile s'avère infructueuse. Bref, l'évangélisation des Etats de la Côte de l'Or n'a enregistré, semble-t-il, aucun résultat significatif. Au problème de l'évangélisation est lié celui de la scolarisation.

II. LA SCOLARISATION

La scolarisation, du point de vue des Européens, particulièrement, des Portugais qui en tentent l'essai dans la région, est indispensable à « l'entendement du discours sur Dieu ». Aussi, le vicaire et le capitaine de Saint Georges sont-ils encouragés à prendre les dispositions nécessaires, avec des primes à l'appui, pour la formation religieuse et l'éducation scolaire de la jeunesse. Les directives, telles que définies pour la transmission aussi bien des valeurs chrétiennes qu'intellectuelles, exigent un contact permanent, une certaine convivialité entre Portugais et Africains. Or, ceci était impossible, eu égard aux restrictions des lois du monopole qui réduisaient au strict minimum les relations entre les deux communautés. Malgré les changements intervenus dans la vie au château, après le concile de Trente, qui entraînent des signes sensibles de progrès dans l'acculturation des Africains, on peut dire que l'œuvre d'acculturation portugaise, dans l'ensemble, fut un échec.

La scolarisation visait également un second objectif : servir, et le mieux que possible, le commerce. D'où les tentatives d'étude de quelques-unes des langues africaines de la côte.

III. LES LANGUES AFRICAINES : ETUDE ET EMPLOI

Au fur et à mesure que les transactions prennent de l'ampleur et que les contacts réguliers se multiplient entre Européens et Africains, le besoin de disposer d'interprètes se fait sentir. Le goût pour les études des langues africaines n'est pas absent; au contraire, plusieurs tentatives ont lieu aussi bien sur la Côte de l'Or que sur la Côte des Esclaves. Mais ces expériences donnent des résultats peu satisfaisants; les ouvrages qui en résultent sont truffés d'erreurs de transcription et de syntaxe, et en définitive inutilisables. Les Européens doivent, en conséquence, recourir au service des interprètes africains.

Sur les côtes de la Guinée supérieure : Sénégal, Gambie, Guinée portugaise, française et autres, les Portugais utilisent les *tangosmaos* et les *lançados*[56] comme

---

[56] Mulâtres résultant du métissage entre les *degradados* (commerçants et criminels portugais exilés) et les africains. Mauro fait cependant une distinction entre *les tangos-maos*, recruteurs d'esclaves comparables aux *pombeiros* d'Angola, et les *lançados* qui vivent à la Cour des rois et chefs africains et se chargent de la vente des esclaves de ces derniers aux négriers.

courtiers, intermédiaires entre eux et leurs partenaires commerciaux africains. Ces intermédiaires contribuent à répandre l'usage du portugais qui devient rapidement la *lingua franca* sur toute cette partie. Sur la Côte de l'Or, les Hollandais développent la classe des *makelaer* ou courtiers, indispensables pour maintenir le contact avec les dirigeants africains. D'origines diverses : princes, hommes libres, esclaves affranchis ou mulâtres, les *makelaer*, dont la prise de fonction donnait lieu à des cérémonies officielles à El Mina, incluant un serment d'allégeance et de fidélité à la WIC, forment une nouvelle classe sociale, indépendante des structures traditionnelles, leur existence étant essentiellement liée au commerce de traite. Leur fonction étant par ailleurs héréditaire, ils parviennent peu à peu à s'imposer et former une classe politique influente dont eurent à se servir aussi bien les Européens que les chefs africains. Certains d'entre eux, tels John Conny, au service du Brandebourg; John Kabes au service de la RAC; Pieter Pasop au service de la WIC, ou encore Latevi Awoku à Aneho, devenus très puissants et très influents, contribuent souvent à façonner la politique locale au gré de leurs intérêts personnels.

Certains de ces courtiers acquièrent quelques rudiments de connaissance dans les langues européennes pratiquées sur la côte avant leur entrée en fonction. Il devient, en effet, courant de voir les commerçants européens accepter des fils de notables locaux comme mousses sur leurs navires, ou de les envoyer acquérir quelques rudiments d'éducation à l'occidentale en Europe. Labarthe cite une institution créée en l'an IV pour l'éducation des nègres et mulâtres aux frais de la République; elle sera supprimée le 9 Fructidor, An X, et les pensionnaires placés dans divers corps d'armée pour y servir de musiciens et de tambours.

Les fils de rois sont parfois éduqués dans des établissements renommés. Le traitement réservé à Aniaba en France en est une preuve. Les négriers français ont l'habitude de faire éduquer leurs protégés à Nantes. Au Togo, à l'autre bout de notre zone d'étude, on mentionne le cas de Latévi Awoku, de la famille Lawson. Confié au négrier Law, selon les récits de tradition de la famille, et conduit en Angleterre, il aurait fréquenté le *King's College* vers le milieu du XVIIIe siècle. Mais il est plus probable, selon Gayibor, qu'il ait uniquement servi comme mousse sur le bateau du fameux capitaine Law[57], occasion qui lui permet, sans aucun doute, de se familiariser avec les langues européennes en usage sur la Côte des Esclaves.

Les connaissances de la plupart de ces courtiers, parfois très sommaires, ont d'ailleurs souvent été raillées par les négriers qui se vengeaient à leur manière, en conseillant aux autres négociants de se méfier des courtiers trop perspicaces. Très peu portés sur la lecture, ces courtiers avaient, en effet, pris l'habitude de présenter aux nouveaux venus des « billets » attestant leurs loyaux services, délivrés par leurs anciens clients. Et certains de ces certificats mettaient le nouveau négociant européen en garde contre les courtiers qu'ils traitaient de voleurs, rapaces, etc. Les négriers se vengent encore des tracasseries que leur causent les courtiers, en essayant de rogner, à leurs dépens, les bénéfices qui leur sont dus. G. Martin rapporte :

> Ces maquignons d'hommes savent jouer de l'offre et la demande pour faire hausser le prix de leur bétail ; ils savent aussi mettre les divers preneurs en concurrence ; ils font en tous les cas payer cher leurs services en exigeant d'avance leur dachy[58].

---

[57] D'où le nom Lawson (le fils de Law).
[58] G. Martin, *Nantes au XVIIIe siècle : l'ère des Négriers 1714-1774, d'après des documents inédits*. Paris, 1931, 452 p. (p. 59).

La formation reçue par ces intermédiaires, dans les établissements européens, perçue souvent comme une arme pernicieuse et dangereuse, sera sévèrement condamnée par certains contemporains :

Il ne faut pas croire que nous ménagions par là des amis utiles ; ce sont au contraire des ennemis très dangereux que nous avons armés contre nous, en les éclairant sur leurs intérêts et sur les nôtres, qui ne sont pas les mêmes ; ils sont accoutumés d'ailleurs à mettre à nos denrées un prix bien au-dessous de celui qu'elles ont à la côte ; aussi toutes les difficultés que nous éprouvons à faire la traite, viennent toujours d'eux[59].

En effet, les intermédiaires ne manquent pas d'ouvrir les yeux des chefs en leur conseillant d'exiger, et aussi pour leur propre compte, des coutumes plus élevées auprès des négociants européens, tout en leur conseillant par ailleurs de leur vendre les produits locaux plus chers, compte tenu des bénéfices substantiels que les négociants réalisent.

En conclusion, on peut retenir qu'à la fin de l'hégémonie portugaise sur la côte, il n'y avait que deux prêtres, celui de St Georges et celui du château d'Axim. Quant au peuple chrétien, il est évalué à 400 âmes sur les 800 habitants que comptait alors La Mine. La population chrétienne d'Axim est estimée, pour sa part, à 200 fidèles sur environ 300 habitants. A Shama, autre localité côtière bien connue, il n'y avait qu'un seul chrétien, un soldat portugais. Progressivement, tout signe de christianisme disparaîtra de cette région.

---

[59] *Ibidem.*

CHAPITRE XI

LES EFFETS SOCIO-CULTURELS

Au nombre des effets socio-culturels, induits des échanges commerciaux, il faut mentionner, non seulement l'apparition des villes dans le paysage africain, mais aussi les idéologies étrangères, l'islam et le christianisme, qui imprègnent superficiellement les croyances anciennes, et offrent un modèle nouveau de la conception du pouvoir politique et de son exercice.

I. LA FORMATION DES VILLES

La mise en place du réseau des échanges avec le monde extérieur, aussi bien européen que soudanais, transforme le paysage social, en suscitant la naissance de véritables villes.

A. Définition de la ville

Pour définir la ville, on peut faire appel à un certain nombre de critères fort simples: la ville se distingue du village à la fois par le nombre sensiblement supérieur de ses habitants, et par le fait qu'une proportion significative d'entre eux tire sa subsistance d'autres activités que le travail de la terre. Entre ces deux milieux, urbain et villageois, il s'établit des relations organiques.

B. Sa genèse

La genèse de la ville obéit ici à une logique différente de celle qui a présidé à la création des villes occidentales et d'ailleurs; la ville n'est pas une création du pouvoir politique, elle est même fondée en dehors de l'intervention de celui-ci, et dans certains cas, l'intervention de cette dernière y est quasiment nulle.

D'autre part, précisons, dans le cas d'espèces, que l'apparition de la ville dans notre zone et à l'époque étudiée, et sans préjuger des révélations futures de l'archéologie, n'est pas l'effet d'une évolution interne; elle résulte d'une intervention étrangère, soit celle des Dyula dans le nord de la zone, soit celle des Européens dans la région côtière. Ainsi, la genèse de la ville est liée aux progrès du commerce lointain. C'est ce qui explique leur localisation aux points de rupture de charge : à la lisière de la savane et de la forêt, lieux d'accueil des premières communautés soudanaises, ou encore le long du rivage côtier, abri des comptoirs européens.

C. Ses fonctions

La ville constitue ainsi, soit un relais, soit un gîte d'étape pour les caravanes qui sont assurées d'y trouver ravitaillement et repos; elle joue également un rôle d'intermédiaire entre les marchands itinérants et les consommateurs locaux. Elle est le lieu de conjonction de deux modes de production : la production lignagère et celle de l'échange marchand. A ce titre, elle possède un marché que fréquentent les paysans des alentours. Par ailleurs, en tant que collectivité, elle se dote d'une administration et des instances qui lui permettent de régler ses conflits intérieurs.

Enfin, les étrangers, Européens et Dyula, sont soit chrétiens, soit musulmans. La ville sera donc un foyer d'activité religieuse et intellectuelle, dont le rayonnement sera très variable, selon que l'on se trouve sur la côte ou dans le nord de notre région.

II. L'APPORT REDUIT DES IDEOLOGIES ETRANGERES

Le poids des influences étrangères, mandé et européenne, bien que relativement réduit, est déjà fort remarquable, au cours de ces premiers contacts. Leurs effets, inégalement répartis, touchent des domaines aussi divers que la religion et la conception du pouvoir.

A. La timide pénétration de l'islam

Après une entrée timide, à la suite du commerce, l'islam se taille un rang fort respectable au XVIIIe siècle, au point de devenir l'un des leviers du pouvoir politique.

1. La réserve de l'islam au XVe siècle
Pendant la première période, c'est-à-dire jusqu'à la fin du XVe siècle, nous assistons à la dissémination « physique » des croyants. Les marchands ligbi, soninké ou dyula sont, dans leur majorité, musulmans, et ils transportent avec eux leurs convictions et leurs pratiques religieuses. Mais, avec leurs partenaires païens, ils s'en tiennent d'abord, semble-t-il, à des relations purement commerciales; ils ne tentent ni de les rallier à l'islam, ni de transformer leurs institutions et leurs coutumes. Un seul cas d'exception à cette règle: la tentative de conversion à l'islam des Huela, leurs hôtes à Begho.
Pourquoi cette réserve des musulmans à convertir à leur foi, leurs hôtes païens ? Il semble que l'expérience

antérieure, acquise auprès des producteurs d'or du Buré, a pu les guider ici: en répandant l'islam dans ces sociétés païennes, ne risquait-on pas de tarir la production aurifère, activité qui s'entourait d'un certain nombre de rites païens? Or, à partir du XVIe siècle, apparaissent des indices d'une mutation des Soudanais. Désormais, ils se présentent à leurs partenaires, non plus seulement en tant que partenaires commerciaux, mais aussi en tant que musulmans. De l'abstention, sur le plan religieux, ils passent à l'intervention. Celle-ci prend tantôt la forme de la conversion, tantôt elle se contente de mettre à la disposition de leurs hôtes, leurs connaissances et leur « puissance spirituelle ».

2. Le prosélytisme musulman postérieur

Sous ces deux formes d'intervention, l'islam tente surtout de pénétrer la cour des souverains, à la faveur des mariages que les Dyula, établis dans les villes, contractent avec des femmes de sang royal. Plusieurs exemples sont cités à Bono, dans le Gonja, à Wa, à Buna... ainsi l'islam devient, au-delà du Soudan, au cours des XVIe et XVIIe siècles, une force sociale agissante. Certains chercheurs ont tenté de lier ce prosélytisme musulman, au-delà du foyer soudanais, au renouveau de la Qadiriya d'El Maghili. Il paraît plus probable de relier le dynamisme de l'islam, dans la zone étudiée, à d'autres facteurs: le besoin de cohésion des communautés musulmanes face au mouvement de centralisation des Etats de la zone; le recours des autorités politiques à la science, aux connaissances de « secrétaires » et conseillers musulmans, pour asseoir leur autorité, réaliser la cohésion de sujets fort divers dans certains cas; le recours à la puissance magique et spirituelle détenue par les musulmans.

Mais, au total, les conversions, rares, se sont limitées aux couches supérieures de la société païenne; par ailleurs elles sont restées superficielles, en ce sens qu'elles n'ont pas profondément transformé le comportement des nouveaux croyants, en dehors de Kumasi où, sur le tard, à la fin du XVIIIe siècle, les musulmans seront puissants avec la conversion d'Oséi Kwame à l'islam.

B. Le christianisme

On n'en a des indices, certes tenus, sur la côte, particulièrement pendant la période « portugaise », dont il a été question plus haut: l'existence de chapelles à Elmina et Axim, desservies par des chapelains d'origine portugaise, la conversion de quelques chrétiens, en des circonstances exceptionnelles, dont la foi fut plutôt un feu de paille. A cet égard, il convient de mentionner l'étonnant épisode d'Aniaba, à l'orée du XVIIIe siècle : fils d'esclave originaire d'Issinie, transformé en prince héritier du royaume, il est conduit en France, baptisé par Bossuet et ayant pour parrain Louis XIV lui-même. Après avoir accompli une carrière foudroyante dans l'armée française, où il acquiert le grade de capitaine de cavalerie, il revient au pays où il mène une vie dissolue et perd totalement la foi.

Depuis la parution en 2005 de l'article de l'archéologue français, Jean Polet[60], on en sait un peu plus sur les limites de l'extension d'une certaine idéologie chrétienne à l'intérieur des terres, correspondant à l'aire des statuettes funéraires dites « akan », connues sous le nom de « *mma* » dans la région de Krinjabo, en territoire ivoirien. Ces statuettes et le cérémonial qui les entoure, loin d'être d'origine agni ou akan, seraient inspirés par le culte

---

[60] Nolwenn L'Haridon et Jean Polet, « Les statuettes funéraires en terre cuite de la Côte de l'Or témoignent-elles d'une première christianisation ? », *Journal des africanistes* [En ligne], 75-2 | 2005, mis en ligne le 15 décembre 2008, consulté le 15 septembre 2013. URL : http://africanistes.revues.org/119.

catholique voué aux statues des saints, acquis au contact des Portugais, puis digéré, assimilé et rendu sous cette forme nouvelle, plus adaptée au système de valeurs de la spiritualité africaine. La diffusion de ces statuettes, qui ne sont autres que des emprunts au christianisme, déborde largement sur la frontière du Ghana actuel pour s'étendre jusqu'aux limites de la ville d'Accra.

Effectivement, les efforts d'imagination, pour convertir les habitants de la côte à la religion chrétienne, n'ont pas manqué à cette époque, y compris le merveilleux et certaines pratiques superstitieuses : processions de statues, représentant tantôt la Sainte Vierge, tantôt des saints du culte chrétien comme saint François d'Assise, saint Antoine et bien d'autres, parées de tissus aux couleurs vives et de bijoux. Ces processions ostentatoires, qui avaient lieu le long des artères principales de la localité, étaient accompagnées de chants et d'aspersion généreuse d'eau bénite. Elles n'ont pas manqué de frapper l'imagination des habitants qui ont intégré ce rituel et bien d'autres pratiques chrétiennes aux cultes païens du pays. Par exemple, le culte de *Santa Maria* aurait son origine dans la statue de la vierge Marie amenée à Elmina en 1632 et donnée par les Portugais aux catholiques en 1637 pour les protéger des Hollandais.

Mais, tout compte fait, la foi chrétienne des nouveaux convertis se résuma à l'adoption de certaines pratiques, d'une forme extérieure de la croyance chrétienne, à des rituels mais non à la religion de ces rituels. Les Africains étaient sensibles particulièrement à la vue des images de dévotion, mais leur cœur était loin d'être converti à la nouvelle foi.

On comprend alors que l'influence de ces nouveaux convertis ait été nulle sur la côte. Témoin l'accueil railleur qui fut réservé par les habitants à la prédication du père Müller au XVIIe siècle :

Si on leur parle de Dieu, de l'essence divine et notamment du Christ qui est le fils de Dieu, vrai Dieu et vrai homme en une seule personne; si on leur raconte comment... il a été engendré par la Vierge Marie... comment il a été crucifié, est mort, a été enterré et le 3e jour est ressuscité d'entre les morts, alors on recueille de la part de ce peuple aveugle toutes sortes de sarcasmes et de moqueries. On nous demande aussitôt, puisque selon notre religion JAN COMME ou JAN COMPO est un grand seigneur et possède donc une si grande quantité de femmes, s'il n'a qu'un seul fils...

Au sujet de la conception et de la naissance de notre Sauveur J.C... ils tiennent pour impossible qu'une femme puisse devenir enceinte sans l'intervention d'un homme et enfanter sans perdre sa virginité...

Si on leur parle des souffrances et de la mort du Christ, ils demandent : qu'a-t-il fait de mal ? Il doit, disent-ils, avoir commis une faute, autrement son père JAN COMME n'aurait pas permis que l'on traite son fils de façon si cruelle...

Parmi les articles de foi (...) celui qui concerne la résurrection du Christ semble particulièrement extravagant et risible (...) Certains d'entre eux tiennent cela pour une impossibilité et ils en rient. D'autres dissent : cela n'est pas nouveau, on a parmi les païens bon nombre d'exemples dans lesquels un homme qui a été tué revient vivant d'entre les morts. Un des marchands les plus connus du pays de Fetu me dit: (...) « Il n'y a pas à s'étonner que le fils de JAN COMME soit ressuscité le troisième jour... On a jadis coupé à cinq reprises la tête de l'un des vôtres à Fetu et néanmoins celui-ci est toujours réapparu vivant »[61].

C. La conception du pouvoir

Par l'intermédiaire des Dyula, les fondateurs des Etats akan vont s'inspirer des modèles de l'Etat malien. Ils en

---

[61] Muller, *op. cit.* p. 91-94.

retirent particulièrement « l'image de ce que doit être un souverain digne de ce nom, autrement dit une certaine conception du pouvoir »[62], marquée par la magnificence et la richesse, la générosité mais aussi l'équité et la sagacité dans l'exercice de la justice. C'est cette image « concrète » du souverain, soulignée par les symboles, les *regalia* dont les sabres incrustés d'or, les parasols surmontés de figurines d'or, les trompes taillées dans des défenses d'éléphant, qui se répandra dans tout le monde akan. A ces signes évidents de l'influence mandé, il faut ajouter les règles de protocole diverses, observées entre autres lors des audiences. Par exemple, tout sujet ne s'adresse au Roi que les pieds nus et les épaules découvertes. Protocole et manifestations de la grandeur du roi sous ses différentes formes sont en quelque sorte la matérialisation de cette conception du pouvoir qui les enveloppe et les imprègne de part en part.

III. L'APPORT CULTUREL ETRANGER

L'influence ici est double. Outre l'apport soudanais, la marque de l'Europe est aussi visible.

A. L'influence mandé

Jack Goody, en 1966, a dressé l'inventaire des traits qui marquent l'influence des Mandé sur la civilisation Akan. Entre autres, on peut citer: le prestige attaché, en pays akan, à la possession des chevaux; l'utilisation, en certaines circonstances, de robes encapuchonnées

---

[62] E. Terray, *Une histoire du royaume Abron de Gyaman. Des origines à la conquête coloniale.* Paris, Karthala, 1995, 1057 p. (p.108).

d'origine musulmane, l'usage pour les chefs de s'asseoir sur des coussins etc.

On peut aussi dresser la liste des emprunts contractés par le vocabulaire twi auprès des Mandé :

ɔponko = cheval
kotoku = sac
tawa = tabac
sɛbɛ = amulette
atumpan = tambour

adaka = boîte
boto = bourse
samina = savon
donk = esclave
nkoron = puits d'extraction aurifère

B. La dette du twi auprès du portugais

Il faut, bien entendu, faire appel aux emprunts de vocabulaire dont voici quelques spécimens :

prako = porc
kobere = cuivre

krata = papier
pano = pain...

Mais au-delà, certaines pratiques religieuses, encore persistantes sur la côte, témoignent, semble-t-il, de la réappropriation de rituels et d'objets du culte chrétien de l'époque portugaise. Témoins entre autres le culte de *Nkonda*, né de l'arbre sous lequel aurait été pratiquée la première messe, ou encore celui de *Santa Maria* qui aurait son origine dans la statue de la vierge Marie amenée à Elmina en 1632, et offerte par les Portugais aux catholiques en 1637 pour les protéger des Hollandais, nouveaux maîtres des lieux ; et enfin celui de *Nana Ntona* qui puiserait son origine dans la statue de saint Antoine, très populaire à l'époque portugaise. Enfin, la réflexion sur la diffusion des formes des statuettes en terre cuite, les *mma* en agni, dites « akan », répandues sur la côte et dans l'arrière-pays proche, laisse penser que la présence de ces statuettes funéraires aurait un lien très étroit avec l'effort de domination culturelle et religieuse des Portugais sur la région[63].

---

[63] Nolwenn L'Haridon et Jean Polet, *op. cit.*

Conclusion

L'irruption européenne dans le golfe de Guinée, à la fin du XVe siècle, permet de découvrir, grâce aux documents d'époque, la Côte des Quaqua et la Côte de l'Or, telles qu'elles se présentaient aux visiteurs européens et soudanais, ensuite d'identifier les principaux Etats qui couvraient toute cette étendue de territoire bordant l'océan et son arrière-pays proche, et, enfin, de faire connaissance avec les habitants de la région, si proches et différents à la fois par les mœurs, les traditions et les activités diverses auxquelles ils se livraient, dominées sans le moindre doute par le commerce qui semblait en être le moteur.

L'afflux massif de populations venues d'horizons aussi différents que divers n'avait d'ailleurs qu'un mobile, l'échange, devenu progressivement un aspect central et permanent de la vie sociale des populations de la région. C'est aussi le commerce qui y attire les Soudanais et les nations européennes. Initialement axé sur l'échange des produits du cru, essentiellement l'or et le cola dans un premier temps, puis un peu plus tard l'esclave africain, contre les articles importés, soit du Soudan, soit d'Europe, le commerce joue ici et là un rôle moteur, et son essor entraîne un développement sans précédent des rapports marchands et des institutions qui les matérialisent : marché, monnaie, crédit... Mieux, l'importation d'articles étrangers, naguère rares, contre l'or et les esclaves massivement exportés soit vers le Soudan, soit l'Europe ou encore les Amériques, provoque dans le milieu africain de profondes mutations économiques et sociales en créant de nouveaux rapports de force à l'intérieur du pays et entre les Etats. A ce titre, la période d'intrusion étrangère représente un tournant décisif dans l'histoire socio-politique de toute la région.

Si, avant l'installation portugaise, les populations locales du golfe de Guinée entretenaient des relations commerciales et complémentaires avec les populations de l'arrière-pays, et plus particulièrement avec les populations d'origine soudanaise, ces relations s'intensifient désormais, entraînant l'affluence de plus en plus importante des Mandé et autres Soudanais, mais aussi des Akan du Nord, en direction de l'Océan, où sont désormais implantés les comptoirs européens, à même de livrer, en grandes quantités, des produits de consommation dont le besoin se fait de plus en plus sentir.

Mais est-il possible de comparer l'influence des Soudanais et celle des Européens sur la région et d'évaluer leurs apports respectifs ? Au premier abord, on peut dire que toutes les deux se sont exercées dans le même sens, en étant, toutes les deux, à l'origine des transformations notables soulignées tantôt : progression des transactions en volume, diversité et régularité dans les échanges de marchandises. Mais, en poussant plus loin la comparaison, on découvre des différences notables : l'intervention des Dyula, plus précoce, devance de près d'un siècle l'irruption européenne ; cela signifie que celle-ci s'effectue sur un terrain déjà modifié par celle-là ; les effets de l'influence européenne étant déterminés et, en quelque sorte, canalisés à l'avance par l'impact de l'influence soudanaise antérieure. Mais surtout l'influence des Mandé se révèle plus efficace dans sa capacité transformatrice et extrêmement plus variée dans ses effets que celle des Européens. Ceci est manifeste dans divers domaines qu'il importe de rappeler en quelques mots. Sur le plan technique, c'est auprès des Soudanais que les populations locales akan apprennent la forge, les méthodes d'extraction de l'or et le tissage ; l'apport européen dans ce domaine est au contraire nul, sinon négatif, l'afflux des articles européens provoquant le déclin ou la disparition de certaines activités artisanales. Sur le plan politique, l'action des Soudanais s'est étendue, par l'intermédiaire de Bono le plus ancien des royaumes akan, aux Etats du Sud qui se sont inspirés de son exemple en utilisant les *regalia* et le protocole en usage à la cour impériale du Mali. Or, les Akan n'ont pu prendre à leur compte *regalia* et protocole, symboles « matériels » d'une certaine conception du pouvoir, sans adopter en quelque façon la seconde. En revanche, ici encore, l'influence européenne est inexistante : avant tout soucieux de commerce et de profit, les Européens ne se sont pas préoccupés d'aider leurs partenaires à organiser leur gouvernement et à asseoir leur autorité.

Aux plans idéologique et culturel, les progrès accomplis par l'islam dans cette sous-région du golfe de Guinée, et le prestige dont il eut à bénéficier auprès des dirigeants restés fidèles à l'animisme, s'ils demeurent peu visibles avant le XVIIIe siècle, apparaissent avec éclat au grand jour pendant la dernière période de cette étude, au point qu'au XIXe siècle, l'*Asanthene* « roi de l'Asante), Osei Kwame, convaincu de s'être converti secrètement à la religion du prophète, est déposé pour cette raison parmi d'autres. Au regard de ces succès, rappelons le destin misérable de la communauté chrétienne de la zone côtière à Elmina et Axim entre autres, évoquée par Müller. Sur le plan culturel, la balance des emprunts contractés par le vocabulaire des langues locales penche du côté soudanais, comparée aux apports du portugais et des autres langues européennes.

Au total, la conclusion paraît évidente : des deux influences, celle qui a le plus profondément marqué les populations de la sous-région, celle qui a le plus influé sur leur destin, est sans conteste l'influence des Mandé. Dans ces conditions, quel a été le rôle spécifique des Européens dans l'évolution de la région au cours des siècles embrassés par cette étude ?

On peut souligner à ce propos les quelques observations suivantes. Les Européens, principalement les Portugais, ont introduit, à partir du Nouveau Monde, des plantes, des cultures et des animaux jusqu'alors inconnus en Afrique, qui ont considérablement enrichi le potentiel agricole de la région et favorisé un essor démographique, difficile à évaluer avec précision, mais dont on ne saurait sous-estimer l'importance. Dans le domaine des échanges, la compétition fut vive et âpre entre les deux réseaux : européen et soudanais, mais elle fut loin de tourner toujours, de l'aveu même des protagonistes européens, à l'avantage de ceux-ci. Toutefois, à partir du milieu du XVIIe siècle, nous assistons à l'apparition simultanée de la traite négrière et des armes à feu introduites massivement dans cette zone : par rapport au commerce soudanais, nous notons là une innovation radicale. S'il n'y a pas lieu de surestimer les effets négatifs de la traite sur la production de l'or, comme nous le soulignions, l'introduction des armes à feu représente une contribution majeure des Européens à l'histoire de la région : elle a puissamment aidé les entreprises des fondateurs, en leur donnant les moyens de s'imposer à leurs sujets comme à leurs ennemis[64]. En diffusant l'usage des armes à feu, et plus généralement par les conséquences qu'elle a entraînées sur le plan économique et social, l'intervention des Européens a donc bien, elle aussi, encouragé l'édification des Etats, même si elle a freiné leur émergence dans la zone côtière en dressant les Etats les uns contre les autres, comme l'a si bien montré l'historien ghanéen, Daaku[65]. Du coup – et c'est un dernier résultat important de l'intrusion

---

[64] E. Terray, *Une histoire du royaume abron du Gyaman, des origines à la conquête coloniale*, multi graphie, Paris, 1984, p. 32.

[65] K.Y. Daaku, *op. cit.* chap. IV.

européenne – une sorte de décalage est apparu entre le littoral, foisonnant d'une multiplicité de petites entités politiques autonomes, et l'arrière-pays, où dominent un petit nombre de grandes puissances : Akwamu, Akyem, Denkyira, Aowin... Ce déséquilibre ainsi créé, souligné avec perspicacité par Terray[66], représente l'un des facteurs importants de l'histoire politique de la Côte de l'Or au XVIIIe siècle.

Enfin, tout en admettant qu'à bien des égards, l'influence européenne n'a fait que prolonger celle des Soudanais, nous n'en devons pas moins lui reconnaître une importance capitale, du simple fait que les Européens, venus de l'océan, ont abordé le pays par un autre versant que les Soudanais. Du même coup, la Côte de l'Or et la Côte des Quaqua ne sont plus simplement le lointain arrière-pays des grandes cités du Niger, elles deviennent à leur tour un carrefour ouvert à des courants de provenances diverses : entre ceux-ci les habitants du golfe de Guinée se trouvent désormais en position d'intermédiaires avec tous les avantages qu'ils peuvent désormais retirer de ce nouveau statut ; ils seront en mesure de se tourner alternativement vers le nord et vers le sud, évitant ainsi de tomber dans la dépendance qu'une relation exclusive, nouée d'un seul côté, n'aurait pas manqué d'entraîner. C'est ici le lieu de rappeler que la « réussite » d'un peuple est fonction du nombre et de la diversité des cultures avec lesquelles il a su entrer en rapport de coopération. L'exemple des Akan et des autres habitants du golfe de Guinée, placés à l'intersection du monde soudanais et du monde européen, illustre bien ce principe, et nul doute qu'ils sauront en tirer parti. Mais pour combien de temps ?

En intégrant de plus en plus cette zone de l'Afrique aux circuits commerciaux mondiaux, le commerce outre-

---

[66] E. Terray, *op. cit.* p. 333

Atlantique finira par amoindrir le « bargaining power » des Akan et autres peuples de la région, en attendant de mettre définitivement fin à l'autonomie dont jouissait cette contrée africaine, source d'une indéniable prospérité. Une fois arrimé à l'économie mondiale, à laquelle il se trouve juxtaposé et non intégré, le golfe de Guinée va désormais dépendre des besoins de l'économie mondiale qui lui dicte sa loi, et dont il sera totalement dépendant. Sa situation qui se détériore d'année en année dès l'apparition de la traite négrière, autour de 1650, le place dans un espace secondaire par rapport au centre de l'économie mondiale, là où se rassemblent, selon le mot de F. Braudel, « la splendeur, la richesse, le bonheur de vivre (…) où se situent le point de départ et le point d'arrivée des longs trafics, l'afflux des métaux précieux »[67].

Victime de l'échange inégal encore à ses débuts, le golfe de Guinée vivra, auprès de John Bull, « surnourri », la condition de « Jacques Bonhomme, malingre, mangeur de pain, hâve, vieilli avant l'âge »[68], en attendant l'avènement de la colonisation, stade suprême de la marginalisation de ce bout de terre d'Afrique. /…

---

[67] Fernand Braudel, *La dynamique du capitalisme*, Paris, 1985, 121 p. (p.94).
[68] *Ibidem*, p. 95.

# SOURCES ET BIBLIOGRAPHIE

I. SOURCES

A. SOURCES MANUSCRITES

1. Guide d' Archives
Ryder, A.F.C., *Materials for West African History in Portuguese Archives,* London (The Althlone Press), 1965.

2. Bibliothèque nationale de Paris, Paris
Manuscrit Fr. 25.196, fol. 31-34.

3. Balme Library, University of Ghana, Legon, Accra
Furley Collection, Blue Notebooks: The Gold Coast, 1624-1638.

B. SOURCES IMPRIMEES

1. Recueil de publications de documents manuscrits
- Brasio, Antonio, *Monumenta Missionaria Africana, Africa occidental,* Lisbonne (Agência Geral do Ultramar)
  - Première série (Vol. I à Vol. VIII), 1952 -1960
  - Deuxième série (Vol.I à Vol. V), 1958-1979.
- Roussier, Paul, *L'établissement d'Issiny, 1687-1702,* Paris, 1935, 241 p.

2. Recueil de traditions orales
- Fynn, J.K., *Oral Traditions of Fante States,* Legon (Institute of African Studies), 1974-1976, 7 fascicules.

3. Ouvrages et articles
- Colombin de Nantes, *Relation inédite d'un voyage en Guinée adressée en 1634 à Pereisc, publié par P. Ubald d'Alençon,* Paris, 1906.
- Barros, Joa de, *Da Asia,* Lisboa, 1778.

- Bosman, W., * Ed. française: *Voyage de Guinée, 1705*, Utrecht, 520 p.
- Edition anglaise: *A New and Accurate Description of the Coast of Guinea*. London, 1967 (1705).
- Dantzig (A. Van), *The Dutch and The Guinea Coast (1674-1742), A collection of documents from the General State Archive at The Hague*, Gaas-Accra, 1978.
- Dapper, O., *Description de l'Afrique*, trad. fr., Amsterdam, 1686.
- Fosse, Eustache de la, « Voyage à la côte occidentale d'Afrique, en Portugal et en Espagne (1479-1480) », publ. par Foulche-Delbosc, R., *Revue Hispanique, IV*, 1897, pp. 174-201.
- Furley, John, T., "Notes on some Portuguese Governors of the Captaincy da Mina, Achimota", *Transactions of the Historical Society of Ghana, III (3)*, 1958, pp. 194-214.
- Marées, P. de, *Description et récit historial du riche royaume d'or de Guinea...* Amsterdam, 1605.
- Mosto, A. de Ca' da, *Relation des voyages à la côte occidentale d'Afrique, 1455-1457*, Paris (éd. Charles Schefer), 1895, voir aussi : Hakluyt Society, London, 1937.
- Pereira, Duarte Pacheco, *Esmeraldo de Situ Orbis, Côte occidentale d'Afrique, du Sud marocain au Gabon, vers 1506-1508*, par R. Mauny, Bissau (*Mém. n° 19, Centro Estud. Guiné portuguesa)*, 1956.
- Roussier, Paul, *L'établissement d'Issiny, 1687-1702*, Paris, Larose, 1935.
- Ruiters, D., *Toortse der Zeevaert*, éd. Par S.P. L'Honoré Naber, La Haye, 1913.
- Valentim Fernandes, *Description de la Côte occidentale d'Afrique (Sénégal au Cap de Monte, Archipels)*, publ. par Monod, Th., Mota, T., da, Mauny,

R., (*Mémoire, n° 21, Centro de Estud. da Guiné port.),* 1959.

- Villaut; N., *Relations des costes d'Afrique appelées Guinée...*Paris, 1669.

- Zurara, G.E. de, *Chronique de Guinée*, trad. L. Bourdon, Dakar, (*Mém. IFAN, n° 60),* 1960.

C. REFERENCE ELECTRONIQUE

Nolwenn L'Haridon et Jean Polet, « Les statuettes funéraires en terre cuite de la Côte de l'Or témoignent-elles d'une première christianisation ? », *Journal des africanistes* [En ligne], 75-2 | 2005, mis en ligne le 15 décembre 2008, consulté le 15 septembre 2013. URL : http://africanistes.revues.org/119

II. BIBLIOGRAPHIE

Ballong, Joseph, « L'implantation du christianisme sur la côte du Golfe de Guinée aux XVe, XVIe et XVIIe s. (1484-1700) », *mémoire de maîtrise*, Paris, 1977.

Bato'ora Ballong-Wen-Mewuda, *Sao Jorge da Mina, 1482-1637.* Lisbonne-Paris, 1993.

Barry, Boubacar, « L'évolution économique, politique et sociale de la Sénégambie pendant l'ère portugaise aux XVe et XVIIe siècles », *Lisboa Colloque international sur l'expansion mondiale de l'Espagne, avril 1983.*

Birmingham, David, "A note on the kingdom of Fetu", Accra, *Ghana Notes & Queries (G.N.Q),1966 (9),* pp. 30-32.

Id., "The Regimento da Mina, Legon", Accra, *Transactions of the Historical Society of Ghana (T.H.S.G.), XI, 1970,* pp. 1-7.

Blake, John W., "The Organisation of portuguese trade with West Africa during the sixteenth century", Lisboa, *Congresso do Mundo Português, III, 1940*, pp. 31-67.

Brookman-Amissah, J., "Some observations on the trade and political Authority on the Fanti Coast during the sixteeth and seventeenth Centuries". Accra, *G.N.Q, n° 12, june, 1972*, p. 3-8.

Brulez, W., « Le commerce international des Pays-Bas au XVIe siècle, essai d'appréciation quantitative ». Louvain, *Revue belge de philologie et d'histoire, 46 (1968)*, pp. 1205-1221.

Carreira, Antonio, « Etat des recherches sur la traite au Portugal », in *La traite négrière du XVe au XIXe siècle. Histoire générale de l'Afrique*, Etudes et Documents. Paris (UNESCO), 1979, pp. 259-272.

Chaunu, P., *L'expansion européenne, du XIIe au XVe siècle*. Paris, Nlle Clio, 1969.

Claridge, W., *History of the Gold Coast and Ashanti*. London, 1915.

Coquery, C., « Villes africaines anciennes: une civilisation mercantile pré-négrière dans l'Ouest africain, XVIe et XVIIe siècles », in *Annales ESC, nov-déc 1991, n°6*, pp. 1389-1410.

Daaku, K.Y., "Pre-Ashanti States". *GNQ*, Accra, 1966(9), pp. 10-13.

Deffontaine, Y, *Guerre et société au royaume de Fetu. Ghana: 1471-1720*. Paris, 1993, 280 p.

Id. et Dantzig, A. Van, "Map of the regions of Gold Coast in Guinea, Map of the Leupen Collection, 25th december 1629", Accra, *GNQ,* 1966(9), pp.14-17.

Dantzig, A. Van, *Les Hollandais sur la côte de Guinée à l'époque de l'essor de l'Ashanti et du Dahomey, 1680-1740*. Paris, 1980.

Delaunay, Karine, « La Côte de l'Or vue par les Européens aux XVIIe et XVIIIe siècles », *Cahier d'Etudes africaines, 115-116, XXIX 3-4, 1989*, pp. 447-455.

Delaunay, Karine, *Voyages à la Côte de l'Or (1500-1750)*. Paris, 1994, 215 p.

Devisse, J., « Routes de commerce et échanges en Afrique occidentale en relation avec la Méditerranée. Un essai sur le commerce médiéval du XIe au XVIe siècle ». Paris, *Revue d'Hist. Econ. et Sociale, L (1 et 2), 1972*, pp. 42-73/ 357-397.

Feinberg, H.M., "Who are the Elmina?", *GNQ,* Accra, II (1970), p.20-26.

Garrard, T.F., "Studies in Akan Goldweights". Legon, *THSG,* XIII (1), 1972/ XIII (2), 1972/ XIV (1), 1973/ XIV (2).

Godinho, V. Magalhaes, *L'économie de l'empire portugais aux XVe et XVIe siècles*. Paris, 1969.

Goody, J., "The Akan and the North". Accra, *GNQ*, 1966 (9), p. 18-23.

Mauny, R., « Notes historiques autour des principales plantes cultivées d'Afrique Occidentale », Dakar, *B. IFAN, 2e série, avril 1953*, p. 706-708.

Vogt, J.L., "The Early So-Tomé-Principe Slave Trade with Mina, 1500-1540", *International Journal of African Historical Studies, VI, 1973*, p. 453-467.

Vogt, J.L., Boahen, A., Stone, I.R., "Notes and Communications: Portuguese Gold Trade: An account ledger from Elmina, 1529-1531", Legon. *THSG, XIV (1)*, 1973, p. 93-103.

Vogt, J., "Notes and Communications: Private trade and slave sales at Sao Jorge da Mina: a fifteenth-century document", Legon, *THSG, XIV (1)*, 1974, p.103-110.

Wilks, I., "The Northen factor in Ashanti History", *Journal of African History (J.A.H.), II (1)*, 1961, p.25-34.

Id., "A medieval trade-route from the Niger to the Gulf of Guinea", *J.A.H. III (2), 1962*, p. 338-339

DOCUMENTS ANNEXES

ANNEXE 1
DISCOURS DE DIOGO D'AZAMBUJA A KWAMENA ANSAH

Que le roi de Portugal, sachant l'amitié qu'il lui portait et le bon traitement qu'il faisait à ses vasseaux, voulait reconnaître ce service par un plus grand, qui estait de faire le salut de son âme, ce qui estait le plus important et ce qui distinguait l'homme de la beste et que pour cela il devoit savoir qu'il devait son être à un Dieu, créateur du ciel et de la terre, et tout ce qu'il contient; auteur de la nuit et du jour, des plyes et des tonnerres, des éclairs, de tous les fruits et de toutes les semencesqu servoient à la nourriture de l'homme qui estoit adoré et creu de tous les princes de la chrétienté comme l'auteur de tout bien, à qui l'âme allait rendre compte au sortir du corps, de tout ce qu'elle avoit fait, pour en recevoir la récompense dans le ciel, ou la punition dans l'abyme des enfers, qui estoit au fond de la terre, où l'on estoit touormenté par les démons; que pour bien entendre ces coses, il estoit bien auparvant d'estre lavé de l'eau du baptême qui netoyoit les âmes comme l'autre netoye nos corps, que le Roi de Portugal le peioit donc de reconnaître ce Dieu et de l'adorer, pour vivre et mourir en sa foy et de recevoir pour gage ce saint baptême; moyennant quoy il lui promettait de la part de son prince de le tenir pour frère et pour ami, et de le secourir au besoin, poourquoy il avait envoyé tous les vaisseaux, et toutes les troupes qu'il voyait, et en feroit autant toutes les fois que l'occasion s'en présenterait, pourvu qu'il demeure au service de Dieu. Mais comme il avait amené plusieurs richesses, et marchandises de prix, il estoit besoin de faire un fort pour les garder, où l'on feroit quelque logement pour les honnestres gens qu'il voyoit, qu'il le prioit d'agréer qu'on lui bastit en son pais, parce que cela serviraît à entretenir le commerce qui le rendrait puissant, et même de ses voisins; qu'ils ne l'oseroient attaquer estant défendu par ce fort, et par ce qui y seroient que les autres roys seroient ravis qu'on leur fist cette proposition, et y reconnoistroient cette faveur par de grands services.

B.N.P., ms. fr. 24. 196, fol. 32-32 v., s.d.

ANNEXE 2
LE COMMERCE INTERIEUR DANS LE GOLFE DE GUINEE

Texte 1

J'ai vu à Issiny entre les mains de ces Nègres qui ont été en ce pays, des tapis de Turquie et de fines étoffes de coton, rayées de soie rouge et bleue qu'ils en avaient apporté, où ils disent qu'on les fait.

G. Loyer, "Relation du voyage au royaume d'Issiny", Paris 1714, P. Roussier, *L'établissement d'Issiny 1687-1702*.
Paris, 1935.

Texte 2

Certains d' entre eux possèdent de grandes cuvettes ou chaudrons de cuivre, artistement travaillés à l'extérieur. Comme ceux-ci, selon leurs dires, ont été apportés d'un pays fort éloigné derrière l'Accanie, ils atteignent un prix élevé. J'ai vu autrefois l'un de ces chaudrons qui était évalué à une livre d'or.

Wilhem, Johann, Muller, 1676 (1673).

Texte 3

Les habitants du Cap de La Hou font grand trafic de robbes de six bandes qu'ils vont quérir chez d'autres peuples leurs voisins qui sont plus éloignés de la côte qu'eux, et leur donnent du sel en échange. Ils assurent que ceux à qui ils portent ce sel remontent pour le vendre si avant dans le pays qu'ils rencontrent enfin des peuples blancs montés sur des mulets ou des ânes et qui ont pour armes des lances mais qui néanmoins ne sont pas si blancs que les Hollandais. Ce sont apparemment quelques Maures de Barbarie.

O. Dapper, *Description de l'Afrique*, Amsterdam, 1686.

ANNEXE 3
LA PRODUCTION A LA CÔTE D'OR AU XVIe SIECLE

Si faut-il néanmoins confesser que les Portugais ont fort amendé ces contrées et quartiers, combien que la plupart a été fait pour leur propre profit et avantage, car tout au premier ont-ils amendé le pays en bestial de plusieurs sortes qui n'étaient illecq connus devant leur arrivement, comme de colombs, gélines, pourceaux, cabrittes, moutons qu'ils y ont portés. Secondement y ont-ils aussi apporté le maïs ou blé de Turquie pour soulagement du pays, troisièment, à leur rafraîchement, les cannes de sucre, les bachovens dites bananas de Congo et le fruit ananas qu'ils ont apporté ici de Sao Tome, le tout à grand nouvelleté et étrangeté des Negros, qui donnaient pour aucuns fruits quand ils y vinrent premièrement beaucoup d'argent pour la grande envie qu'ils avaient d'en manger, comme signamment pour les ananas ont-ils bien donné jadis écu et demi pour pièce et des autres fruits à l'avenant; mais en progrès de temps y sont ces choses tellement multipliées ici qu'elles sont pour le jourd'hui à vil prix à cause que le pays en est rempli.

P. De Marées, *Description et récit historique du Royaume d'Or de Guinée*, Amsterdam, 1605 (1602) tr. fr.

ANNEXE 4
PRODUCTION ESCLAVAGISTE A LA CÔTE D'OR

Texte 1

Beaucoup de marchands venant du dedans du pays au rivage de la mer, voire de cent et deux cents lieux d'icelui rivage, ceux-là viennent avec bonne quantité d'or et amènent leurs esclaves avec eux, qu'au retour ils chargent avec les marchandises qu'ils ont achetées ès navires.

P. De Marées, *Description et récit historique du Royaume d'Or de Guinée*, Amsterdam, 1605 (1602) tr. fr.

Texte 2

Lorsqu'on fait la traite de l'or, on apporte les autres marchandises à terre; là leurs esclaves... les (les marchands) attendent. Chacun de ces esclaves reçoit la charge qu'il devra porter; il la place sur sa tête, et alors ils se mettent en marche tous ensemble; le chemin qui conduit à Ackanie est très étroit, en sorte qu'un seul homme peut passer à la fois. Ces esclaves ont pour salaire leur nourriture, et celle-ci consiste en un pain d'un kreutzer par jour. En dépit d'un travail aussi dur et d'une nourriture aussi maigre, ils font pourtant grand cas de cette vie misérable; ils sont gais ils chantent, et ils dansent, de sorte qu'on ne peut les regarder sans être émerveillés.

Michael, HEMMERSAM, 1663 (éd. anglaise annotée), JONES, *German sources for West African History*, Wiesbaden, 1983.

ANNEXE 5
LE COMMERCE AU MILIEU DU XVIIe SIECLE

Texte 1

En l'an 1682, le commerce de l'or a rapporté à peine 45% à nos navires français, nets de tout frais, mais cela peut être imputé au grand nombre des bateaux de commerce de plusieurs nations européennes qui se trouvaient alors sur la côte. J'en ai compté quarante-deux en moins d'un mois; s'il y en avait eu seulement moitié moins, ce commerce aurait rapporté 60% ou davantage. Une cargaison bien composée pourrait rapporter 70% à condition qu'elle soit transportée sur un petit navire peu chargé et que celui-ci se rende directement de chez nous sur cette côte, la durée du voyage aller et retour ne dépassant pas sept ou huit mois s'il est bien conduit.

Barbot, *A description of the Coasts of North and South Guinea,* 1732.

Texte 2

Comme cette dépense sera considérable, il y a moyen d'en ménager une partie pour le commerce. Il faut pour cela un fonds de 200 000 livres tournois, dont on emploiera une partie pour la traite d'or et le reste en deux ou trois mille esclaves....

L'on peut compter que le provenu des dits 200 000 livres en rendra 4 à 500 000.

Ducasse, *Relation du voyage de Guinée.* Paris, 1688.

Texte 3

Nous pourrions... acheter en une seule année six mille esclaves ou même deux fois autant pour 45 florins chacun; et chacun d'eux pourrait être revendu aux Indes Occidentales pour au moins 210 florins. En retirant les frais de transport et les risques de mortalité, ceci apporterait à la Compagnie chaque année un bénéfice net d'environ 600 000 florins.

Van Sevenhuysen à l'Assemblée des Dix, 30 mai, 1701, WIC 97, in Van Dantzig, *Les Hollandais et l'essor de l'Ashanti et du Dahomey*. Paris, 1971, p. 47.

ANNEXE 6
COMMERCE DANS LE GOLFE DE GUINEE
ET CONJONCTURE ECONOMIQUE
AU MILIEU DU XVIIe SIECLE

Texte 1

Autrefois les Hollandais ont gagné dans ce pays les bénéfices qu'ils ont voulu. C'est cela qui a donné à la Hollande tant de riches marchands. En effet, ils en ont entretenu toute une compagnie. Mais aujourd'hui elle s'est disloquée. Cela a appauvri beaucoup de gens et au contraire enrichi les Noirs; en effet il y a quelques années, il ne venait pas ici plus de quatre navires par an. Aujourd'hui il en vient bien vingt et pourtant il n'y a pas davantage d'or qu'avant; aussi ils font monter le prix de l'or et l'épuisent.

Samuel Brun, *1913 (1624)*, p. 79

Texte 2

L'expérience montre, hélas, qu'en Guinée, les marchandises européennes ne valent pas davantage qu'autrefois, mais que présentement on doit, ou bien les écouler à perte, ou bien n'en tirer qu'un bénéfice réduit.

Muller, 1676, p. 270.

Texte 3

Ils vendaient leur marchandise si chèrement qu'ils voulaient, car il n'y avait personne qui leur sût empêcher, aussi faisaient-ils tels profits qu'ils voulaient, et traitaient les Negroes comme le chat la souris, car les Negroes les redoutaient plus que leur propre Dieu.

P. De Marées, éd. 1605, p. 86

Texte 4

C'est une règle générale que quand ils (les Nègres) sont pourvus de marchandises d'Europe, ils tiennent les leurs à un prix beaucoup plus haut, au lieu que quand ils manquent de nos marchandises, ils donnent les leurs à beaucoup meilleur marché.

Labat, *1730*, I, p. 247

ANNEXE 7
LES SOURCES EUROPEENNES DE L'HISTOIRE DE L'AFRIQUE NOIRE DU XVe AU XIXe SIECLE QUELLE METHODOLOGIE ?

Simon-Pierre EKANZA[69]

INTRODUCTION

Le XVe siècle marque une véritable césure dans le flux des sources et des témoignages historiques. En effet, à partir de cette date, le document européen fait son apparition au détriment des sources arabes exclusivement présentes jusque-là dans le champ du témoignage historique. Ce changement dans la nature et la provenance des matériaux écrits est lié à la mutation survenue dans le destin du continent. Le XVe siècle, comme on le sait, est le siècle de l'expansion européenne en direction de l'Afrique et du reste du monde. Les Portugais font leur apparition en 1434 sur les côtes d'Afrique noire, après avoir franchi le cap *bojador*. En 1471, ils sont présents à Shama, dix années plus tard, ils sont implantés solidement à El Mina pour deux siècles environ. En 1485, ils atteignent l'embouchure du Rio Zaïre. La caravelle triomphe alors de la caravane, et l'Afrique noire, « définitivement arrachée au Maghreb (…) bascule sans retour sur l'Océan »[70].

La présence européenne sur les côtes entraîne rapidement la production d'œuvres littéraires de nature extrêmement variées, qui constituent aujourd'hui des matériaux précieux pour l'historien africain. La qualité de ces documents qui peuvent être classés en deux grandes catégories : sources narratives et

---

[69] Présentation modèle aux étudiants.
[70] P. Chaunu, *l'expansion européenne du XIIe au XVe siècle*, Nouvelle Clio, Paris, 1969, 396p.

sources d'archives[71], laisse quelquefois à désirer. Mais il n'empêche qu'ils sont aujourd'hui d'un secours inestimable pour le spécialiste de cette période. Leur utilisation est, on ne plus délicate, et exige un traitement particulier. Un regard critique sur l'ensemble de ces sources paraît nécessaire, quand on sait que ces siècles, qui étaient ceux de la traite, n'étaient pas particulièrement favorables à des récits objectifs sur les Africains. Quelle valeur accorder à ces informations d'origine européenne ? Mais auparavant, il est important de faire connaissance avec ces matériaux écrits. Les recenser et se familiariser avec la méthode de leur élaboration peuvent déjà éclairer le lecteur sur leur fiabilité.

I. RECENSION DES SOURCES ECRITES D'ORIGINE EUROPEENNE

L'intensité de l'implantation européenne sur le littoral a eu pour corollaire la constitution d'un fonds documentaire très important. Cette littérature sur l'Afrique tropicale, depuis la fin du XVe siècle, est si volumineuse qu'il est impossible d'énumérer, de façon exhaustive, les œuvres ou les auteurs les plus remarquables[72]. On se contentera de noter, au passage, que ces sources pour l'histoire africaine couvrent essentiellement les régions suivantes : les côtes guinéennes de l'Afrique occidentale, la région du bas-Zaïre et de l'Angola, la vallée du Zambèze et enfin l'Ethiopie. Au sein de cet ensemble, nous nous intéressons aux seuls ouvrages publiés entre 1500 et 1750, période de développement de la traite atlantique et aussi de grands bouleversements de la carte politique de ces régions. Du point de vue de la représentation nationale européenne, on peut schématiquement avancer que le XVIe siècle est fondamentalement portugais ; le XVIIe, d'abord hollandais,

---

[71] Nous n'examinons dans ces pages que les sources narratives ; les sources d'archives n'ayant pas fait l'objet de publication, demeurent dans leur grande majorité, inexploitées.

[72] N'est point prise en compte ici la production littéraire des Africains en langue européenne dont les premiers spécimens, émanant des habitants de la côte, datent du XIXe siècle.

mais aussi français et anglais ; le XVIIIe, surtout anglais et français.

A. Les différentes catégories de sources narratives

Les documents européens de cette période peuvent se répartir en deux grandes catégories : d'un côté, les *récits des voyageurs* qui ont eu directement accès aux informations ; et de l'autre côté, les *compilations*, œuvres d'auteurs qui n'ont jamais effectué le voyage sur les côtes africaines, bien qu'ils aient été en contact, directement ou indirectement, avec certaines réalités du monde « exotique ». On donne habituellement à ces compilateurs le nom d'*écrivains en chambre*. Quelques-uns parmi eux ont eu à occuper de hautes fonctions liées au commerce outre-mer[73]. Quoi qu'il en soit les méthodes d'élaboration de ces ouvrages répondaient à des modèles communs qu'il convient d'exposer.

B. La mise en ordre des informations

Les voyageurs tenaient en général un journal ou un cahier de notes au cours de la navigation ou du séjour, leurs fonctions leur en faisant dans certains cas obligation. Ce manuscrit a ensuite servi de base à la construction du texte destiné à publication, des documents complémentaires pouvant être consultés. A l'occasion, des emprunts, plus ou moins importants, peuvent être faits. Sont donc transmises des informations d'ordre factuel, mais aussi certaines formes de pensée et d'écriture sont ainsi véhiculées, liées à l'époque. En effet, le récit de voyage, censé apporter un témoignage vivant, révèle parfois des propos qui se sont alimentés à des textes déjà en circulation, le but de ces allusions étant de donner au lecteur un ensemble descriptif cohérent et d'éclairer le lecteur ; il devait aussi adopter un style narratif distrayant, selon le goût de l'époque ; ce qui semble avoir rendu la frontière de plus en plus

---

[73] Ce fut le cas entre autres de Joan de Barros (1496-1570). Ayant eu à séjourner quelques années au fort de Saint Georges d'el Mina, il devint trésorier de la *Casa da India e Mina*, la structure royale d'organisation et de contrôle du commerce extérieur portugais, puis facteur de la Casa, c'est-à-dire directeur des douanes.

tenue avec la littérature romanesque, contestée, parce que purement fictive.

Quant aux compilateurs ou *écrivains en chambre*, ils se sont contentés de puiser leurs informations dans les ouvrages publiés antérieurement. C'est le cas du néerlandais, Olfert Dapper dont la *Description de l'Afrique*, écrite en 1668, fut traduite en français en 1686. Cet auteur s'est énormément fondé sur son prédécesseur, Pieter de Marées (1602)[74] qu'il a largement copié. Les compilateurs associent, d'une manière générale, informations originales et éléments repris dans diverses publications antérieures. Le lecteur ne peut, en conséquence, observer à leur endroit qu'une attitude critique, les informations véhiculées ne devant pas être prises pour argent comptant.

II. QUELLE EST LA FIABILITE DES SOURCES EUROPEENNES ?

Réservons nos observations aux seules informations recueillies directement par les *auteurs voyageurs*. Celles-ci, en théorie, bénéficient de beaucoup plus de crédit : les auteurs de ces témoignages sont en général des employés réguliers au service des compagnies « officielles » ; ils ont donc eu personnellement accès aux informations. Par ailleurs leurs témoignages couvrent en général des zones considérées comme familières, plus fréquentées, relevant du domaine des compagnies « officielles » et donc d'un commerce réglementaire. Enfin, ces auteurs ne sont pas seulement des marchands venus sur les côtes d'Afrique à la recherche exclusive de l'or et des esclaves. Peu d'entre eux, on peut l'affirmer, étaient prédestinés à participer aux entreprises de commerce ; certains étaient artisans, d'autres chirurgiens-barbiers, fils de pasteur ou pasteurs eux-mêmes. Mais tous ont voyagé en tant qu'employés de l'une des compagnies de

---

[74] L'ouvrage de Pieter de Marées, dont la traduction française remonte à 1605, revêt un double intérêt : d'une part, il représente l'une des sources les plus anciennes, remarquable par la qualité et le détail des informations fournies ; d'autre part, il se trouve à l'origine d'une longue chaîne d'emprunts entre auteurs.

commerce européennes. Toutefois, leurs témoignages ne sont pas moins entachés de préjugés, la plupart des informations recueillies se situant au-delà de la date de 1650, c'est-à-dire à une époque où le commerce des esclaves l'emporte sur celui de l'or.

A. L'objet des témoignages

L'objet des témoignages est multiple, mais surtout il est fortement lié aux conditions dans lesquelles les auteurs sont placés pour capter les informations. D'où la nécessité de restituer correctement ces dernières.

Le plus souvent, les voyageurs européens effectuent plutôt des *mouillages* à quelques distances du rivage, particulièrement au cours des premiers siècles. Leurs partenaires commerciaux africains montent alors à bord du navire. Dès cet instant, les Européens se livrent à toutes sortes d'observations, non seulement sur le commerce, mais aussi sur les conditions des échanges. Celles-ci étant liées nécessairement aux événements politiques affectant la région, les informations recueillies au cours des transactions ont forcément concerné les faits politiques et militaires. D'autre part, les voyageurs relèvent les profils des côtes, les éléments saillants du paysage géographique, tout en amassant des informations sur les ressources et les activités des habitants.

En certains lieux, l'*escale* se prolonge de plusieurs semaines. Le voyageur européen a alors la possibilité d'acquérir de plus amples informations sur la région, sur les échanges de civilités, les mœurs et les coutumes, et de saisir, au besoin, les hiérarchies socio-politiques internes[75]. Enfin, dans certains cas, le voyage a pour destination l'un des nombreux forts de la côte. L'auteur a pu y effectuer un séjour de plusieurs mois, voire de

---

[75] On peut ici nommer William Smith, employé par la *Royal African Company* pour lever des plans des établissements des Côtes Occidentales et des dessins des côtes. En 1727, il est de passage le long de la *Côte des Quaqua*, visite les forts anglais de la Côte de l'Or, avec escale d'un mois à Cape Coast.

plusieurs années, en tant qu'employé[76]. Il a pu alors bénéficier de tout le loisir pour s'informer et recueillir, auprès des courtiers et des serviteurs africains du fort, les éléments d'informations utiles qu'il a, par la suite, recoupés avec ses propres observations et les renseignements obtenus de ses fréquentations. Néanmoins observations et fréquentations ont toujours été limitées à la zone côtière, car aucun Européen ne pouvait visiter les Etats de l'intérieur, en dehors de quelques rares ambassades et tentatives d'implantation à l'intérieur qui se soldèrent par des échecs[77]. En conséquence, les relations dont dispose l'historien de cette époque sont toutes dominées par le rôle joué par les intermédiaires africains dans l'obtention des informations.

Caractérisant ces différentes sources, nous pouvons les classer en quatre catégories. Ces témoignages émanent :
1) de récits recueillis non pas directement auprès des intéressés eux-mêmes, mais obtenus auprès d'intermédiaires, en l'occurrence, les marchands africains avec lesquels les Européens pratiquaient les échanges commerciaux ;
2) de récits recueillis de la bouche même des populations concernées ;
3) de documents écrits de seconde main se confondant avec les compilations ;
4) de témoignages *de visu*.

---

[76] Willem Bosman séjourne pendant treize ans (1688-1702) sur la Côte de l'Or comme employé de la WIC. Il est l'auteur de l'ouvrage, *Description de la Côte d'Or et des Esclaves*, présenté sous forme de lettres adressées à un ami.

[77] On peut mentionner les délégations portugaises au près du roi des « Acanes », à « Branna », situé à quatre jours de la côte, ainsi que celles entreprises auprès de plusieurs autres Etats. Toutes ces tentatives de pénétration à l'intérieur du continent s'interrompent dans la deuxième moitié du XVIe siècle. Les Hollandais, prenant le relais des missions à l'intérieur des terres, au XVIIe siècle, envoient successivement des missions auprès du roi Denkyira, à Kumasi, ainsi qu'auprès du souverain de l'Akyem. Quant aux tentatives d'installation à l'intérieur des terres, elles furent toutes vouées à des échecs.

Cette classification peut se ramener aux deux modes d'accès à l'information, plus connus en histoire sous la désignation de sources indirectes et sources directes. Que vaut la qualité de ces sources ? Et quelle attitude observer à leur égard ?

B. la qualité des informations

Quelle valeur accorder aux informations rapportées par les Européens ? La qualité d'une source tient à l'adéquation entre l'auteur qui consigne cette source et l'objet consigné ou mis par écrit. Plus l'auteur est outillé et armé, moins il y a de barrières entre lui et l'événement, et plus il est apte à le comprendre. Il en résulte que la qualité de cette source sera aussi plus grande. D'où la nécessité de s'arrêter, avant toute appréciation, aux modalités de la collecte de ces sources, en commençant par examiner les sources indirectes.

1. Les sources indirectes

Dans cette première catégorie de sources, on peut inclure : les récits obtenus auprès des populations intermédiaires et les compilations comme celles de Dapper. L'examen des informations recueillies par l'auteur européen sur la côte, auprès d'intermédiaires étrangers, sur le commerce et les produits de commerce de l'hinterland, conduit à noter l'existence de trois relais :
- le ou les informateurs africains;
- l'interprète, canal de communication, intermédiaire entre l'informateur et l'auteur ;
- l'auteur européen fixant par écrit l'information reçue.

A ce niveau, on enregistre une déperdition de l'élément d'information, plus ou moins importante, selon que l'on a recours ou non à un médiateur, en l'occurrence, l'interprète ; selon aussi le degré de sincérité de l'informateur. Dans le cas où le recours à un médiateur s'impose – on peut s'imaginer que ce fut presque toujours le cas – le degré de déperdition de l'élément d'information sera fonction de la capacité d'assimilation, par l'intermédiaire, des techniques de la langue de l'informateur africain et de la langue européenne de l'auteur appelé à transcrire l'information.

Le second problème, bien qu'il soit moindre, n'en existe pas moins : c'est le passage de l'expression orale à l'expression écrite, qui s'opère cette fois-ci, au niveau de l'auteur européen : commerçant ou missionnaire. Celui-ci doit trouver le terme exact, le mot juste, pour traduire par écrit, le plus fidèlement possible, ce que véhicule l'expression orale. Au niveau de l'interprète, à priori, on peut supposer que la déperdition est assez notable ; car, soit volontairement, soit de façon inconsciente, l'interprète opère toujours une sélection de l'information. Dans le cas d'une omission volontaire, c'est parce que l'interprète tient à monnayer l'information qu'il est appelé à communiquer.

2. Les sources directes

Ici se pose particulièrement le problème de la compréhension effective de la société africaine dont certains faits et coutumes sont décrits. La juxtaposition de deux sociétés : européenne et africaine qui se traduit, dans la vie quotidienne, par la séparation des hommes dans l'espace – l'Européen vivant au château et l'Africain dans le quartier juxtaposé– ne facilite pas l'intercompréhension. Dans ces conditions, les auteurs des sources écrites n'étaient pas dans les conditions les meilleures pour comprendre et connaître la société africaine. Enfin, il faut ajouter que les groupes sociaux africains ont pu aussi donner à voir et à comprendre aux Européens l'image qu'ils entendaient renvoyer de leurs propres sociétés, en fonction des intérêts, mais aussi des dangers représentés par ces nouveaux venus.

CONCLUSION

Les sources européennes relatives aux côtes africaines, entre le XVe et le XIXe siècle, sont assez importantes du point de vue du nombre, et riches du point de vue du contenu, bien qu'elles soient inégalement réparties. Encore devons-nous reconnaître que ces ouvrages, considérés aujourd'hui comme sources d'histoire, n'avaient que rarement des intentions historiques. Dans leur ensemble, ces relations consistent davantage en des tableaux conçus souvent comme atemporels et animés par la seule présence du voyageur portant son regard sur la réalité qui l'entoure. L'auteur n'indique que rarement le contexte dans lequel il lui a été donné de voir ce qu'il découvrait alors. Les témoins des faits rapportés dans ces écrits, les références d'archives sont presque toujours omis. Il appartient à l'historien d'être attentif à ces menus détails qui ont toute l'importance dans la restitution de la réalité historique.

Par ailleurs, la perception des réalités africaines est forcément tributaire d'une certaine image figée que l'Europe avait du monde outre-Atlantique et de l'Afrique en particulier. Cette image, véhiculée d'un auteur à un autre, pour ainsi dire, profondément européenne, n'en a pas moins reposé sur les informations diffusées prioritairement par ceux qui, selon les périodes, ont dominé le commerce ; on ne peut donc négliger les enjeux qu'elle a soutenus. Enfin, on ne saurait négliger les rôles des informateurs africains dans la perception qu'ont eue les Européens des côtes africaines. Toujours est-il que l'étude de ces textes ouvre de nouvelles perspectives au chercheur travaillant sur les côtes de l'Afrique à l'époque moderne. L'apport de ces sources n'est plus à démontrer dans les domaines de l'histoire politique et de l'histoire des échanges, mais aussi dans l'histoire de la flore et de la faune, l'histoire des maladies, de l'éducation des enfants et enfin des cultes locaux.

TABLE DES MATIERES

Introduction : le contexte géographique et politique 9

Première partie : le pays, les hommes et les Etats 15
Chapitre I : La Côte des Quaqua 19
   I. Etymologie du mot « quaqua » et étendue de l'espace 20
   II. Le milieu naturel maritime et lagunaire 22
   III. Activités économiques 26
   IV. Diversité ou homogénéité politique et culturelle ? 32
   V. Identité des populations 33
   VI. Période et durée de la migration 35
Chapitre II : La Côte de l'Or 39
   I. La Carte hollandaise de Moure (1629) 41
   II. Les grands Etats de la période 43

Deuxième partie : les partenaires commerciaux 53
Chapitre III : les commerçants africains 57
   I. Les marchands soudanais 57
   II. Les accanistes 59
Chapitre IV : les partenaires commerciaux européens 65
   I. Les Portugais 66
   II. Les Français 69
   III. La Grande-Bretagne 72
   IV. Les Pays-Bas 75
   V. Les établissements européens 78
Chapitre V : l'influence des nations européennes dans le golfe de Guinée : un essai de chronologie 79
   I. La période hégémonique du Portugal (1470-1637) 80
   II. La domination hollandaise (1637-1650) 83
   III. La concurrence effrénée entre les nations européennes (1650-1843) 85

Troisième partie : l'activité commerciale dans la région 87
   Chapitre VI : le commerce intérieur et extérieur 91
      I. Le commerce côtier 91
      II. Le commerce interrégional 92
      III. Le commerce extérieur avec les Européens 96
   Chapitre VII : les transformations de la production, effet des échanges commerciaux 103
      I. Le domaine de la production vivrière 103
      II. L'industrie extractive de l'or 104
      III. L'essor de l'artisanat 106
      IV. L'émergence et le développement de nouveaux rapports de production 110
   Chapitre VIII : Concurrence commerciale et croissance économique 117
      I. Le renchérissement accentué de l'or 117
      II. Que retenir de la conjoncture du XVIIe siècle ? 122

Quatrième partie : les autres contacts entre Européens et Africains 135
   Chapitre IX : les ambassades à l'intérieur du continent et les tentatives d'installation 139
      I. Les ambassades à l'intérieur du continent 139
      II. Les tentatives d'installation à l'intérieur 143
   Chapitre X : la politique européenne d'acculturation . 145
      I. La religion 145
      II. La scolarisation 146
      III. Les langues africaines : étude et emploi 147
   Chapitre XI : les effets socioculturels 151
      I. La formation des villes 151
      II. L'apport réduit des idéologies étrangères 153
      III. L'apport culturel étranger 158

Conclusion 161
Sources et Bibliographie 167
Documents annexes 175

L'AFRIQUE

AUX ÉDITIONS L'HARMATTAN

Dernières parutions

ETHNIES, NATIONS ET DÉVELOPPEMENT EN AFRIQUE : QUELLE GOUVERNANCE ?
Actes du colloque de Brazzaville (Congo), du 26 au 28 mai 2014
Sous la direction de Hugues Mouckaga, Scholastique Dianzinga, Jean-François Owaye
En 1962, quelques années seulement après que la parenthèse coloniale eut commencé à se fermer, un agronome français, René Dumont, osa ce pronostic : « l'Afrique noire est mal partie ». Que de protestations ! Pourtant, plus de 50 ans après les indépendances, le continent africain est à la peine et patine. L'explication : la mal gouvernance. Du fait de ses ethnies, l'Afrique fait face à un épouvantable écueil ! Elle n'arrive pas à se constituer en nations ! Il importait donc d'agir, de réfléchir autour de cette problématique.
(Coll. Études africaines, 55.00 euros, 704 p.)
ISBN : 978-2-343-05785-9, ISBN EBOOK : 978-2-336-37944-9

ÉLECTIONS, VOTE ET REPRÉSENTATION POLITIQUE DES AFRICAINS DE L'ÉTRANGER
Suivi du *Guide des opérations électorales en dehors des frontières nationales*
Wongo Ahanda Antoine
Quels sont aujourd'hui les types d'élections, les mécanismes et les procédures du vote à l'extérieur adoptés par les pays africains ? Dans cet ouvrage, qui fait la synthèse des connaissances et des pratiques du vote à l'extérieur et de la représentation politique des Africains de l'étranger, l'auteur entend apporter une contribution pédagogique au processus d'appropriation de la citoyenneté externe par les États africains. Un ouvrage qui intéressera les leaders africains, les migrants africains et tous ceux qui sont impliqués dans le processus de vote à distance à travers l'Afrique et les pays d'immigration.
(Coll. Études africaines, 21.00 euros, 202 p.)
ISBN : 978-2-343-02009-9, ISBN EBOOK : 978-2-336-38129-9

MANUELS SCOLAIRES, ENVIRONNEMENT INFORMATIF ET NUMÉRIQUE AU SERVICE DE LA LECTURE
Enjeux nouveaux pour une école émergente
Thioune Birahim - Préface de Michèle Verdelhan Bourgade
Aujourd'hui, l'environnement socioculturel s'est complexifié du fait de l'émergence de technologies nouvelles qui ont envahi l'univers des apprenants et qui se révèlent, dans les espaces d'éducation et de formation, à la fois comme

des promesses d'enrichissement et des menaces. Ce livre fixe quelques contours de l'utilisation des TIC (Technologies de l'Information et de la Communication) et des limites à observer dans leur application, sous peine de mettre en péril tout un patrimoine pédagogique.
(16.50 euros, 164 p.)
ISBN : 978-2-343-06236-5, ISBN EBOOK : 978-2-336-37731-5

L'ÉCOLE, GAGE DU DÉVELOPPEMENT DE L'AFRIQUE
Zénith Laurent - Préface de Mathias Eric Owona Nguini
Si plusieurs facteurs et secteurs sont à considérer pour sortir rapidement l'Afrique de son retard, le domaine scolaire revêt une importance capitale. Malheureusement, ce levier du développement qu'est l'école regorge de nombreuses tares dans la quasi-totalité des pays subsahariens. Un système académique bien pensé participerait fortement à l'essor de l'Afrique. À partir de propos, témoignages et de cas vécus, l'auteur met à nu tous les manquements qui handicapent l'émergence de ces pays.
(Harmattan Cameroun, 16.50 euros, 158 p.)
ISBN : 978-2-343-06203-7, ISBN EBOOK : 978-2-336-38133-6

LE CAMÉLÉON ET LA MORT EN AFRIQUE
Eschenlohr Nicole
La question de la mort hante nos esprits rationnels. Pour mieux maîtriser cette angoisse existentielle, les civilisations traditionnelles ont détourné le problème en attribuant une origine à cette mort : pourquoi et comment est-elle apparue ? En réponse à ses interrogations, la mythologie africaine, riche de liens tissés entre les hommes et les animaux, a désigné un responsable qu'elle a placé au cœur de ses récits et légendes : le caméléon. Accusé de lenteur, sa défense repose sur l'inéluctabilité de la mort...
(Coll. Ethnographiques, 14.00 euros, 132 p.,)
ISBN : 978-2-343-05818-4, ISBN EBOOK : 978-2-336-37485-7

APPROCHE CRITIQUE DU DÉVELOPPEMENT EN AFRIQUE SUBSAHARIENNE
Zagre Ambroise
Le sous-développement de l'Afrique subsaharienne constitue une préoccupation majeure pour les pays concernés, la communauté internationale, les milieux intellectuels et la société civile. Cet ouvrage interroge la notion de développement et envisage l'avenir de ce sous-continent vers un nouveau paradigme de développement : l'»auto-développement humain», capacité des sociétés à se développer en comptant d'abord sur leurs forces intérieures, leur capacité de création et leurs potentialités matérielles et spirituelles.
(Coll. Politique et dynamiques religieuses en Afrique, 27.00 euros, 260 p.,)
ISBN : 978-2-343-05939-6, ISBN EBOOK : 978-2-336-37427-7

LA PRÉCARITÉ QUOTIDIENNE EN AFRIQUE DE L'OUEST
Culture et développement
Ernoux Jules - Préface de Michaël Singleton
Cet ouvrage propose des tranches de vie prises sur le vif dans la population, plutôt urbaine, de Côte d'Ivoire, de Guinée et du Niger. À l'issue de 33 séjours

riches de rencontres collectives et individuelles, l'auteur s'interroge : comment vivre au jour le jour dans le manque permanent, seulement soucieux de manger à sa faim, de sauvegarder une santé précaire, de confier ses enfants à des écoles surpeuplées, de vivre dans l'insécurité d'un pays où l'État de droit n'est qu'une illusion ?
(Coll. Écrire l'Afrique, 15.50 euros, 154 p.)
ISBN : 978-2-343-05748-4, ISBN EBOOK : 978-2-336-37417-8

LE MARKETING DE RUE EN AFRIQUE
Mouandjo Lewis Pierre
Cet ouvrage, abondamment illustré d'exemples, se veut un outil pédagogique pour faciliter la compréhension de ce «Marketing de rue» tant développé par ses acteurs en Afrique. Son but est de mettre à la disposition des étudiants et responsables d'entreprises un manuel leur permettant de saisir les opportunités qui leur sont offertes par ce nouveau marché que représente la rue et où se déroulent des pratiques commerciales «agressives» et une concurrence farouche entre les entrepreneurs individuels, les grandes sociétés et les Petites et Moyennes Industries.
(Coll. Études africaines, 44.00 euros, 512 p., Illustré)
ISBN : 978-2-343-05770-5, ISBN EBOOK : 978-2-336-37547-2

L'AGENCE SPATIALE AFRICAINE
Vecteur de développement
Ouedraogo Sékou - Préface de Jean-Loup Chrétien
L'Algérie est en train de finaliser la conception de son premier satellite national ALSAT2B qui devrait être entièrement conçu par ses ingénieurs. Le Nigéria veut envoyer un astronaute dans l'espace avant la fin 2015. Qui peut le croire ? Et pourtant, l'Afrique possède des agences spatiales nationales crédibles et des organisations panafricaines qui travaillent sur le sujet. Pour utiliser efficacement ces applications spatiales au service du développement, l'auteur défend la création d'une Agence Spatiale Africaine.
(Coll. Diplomatie et stratégie, 18.50 euros, 188 p.)
ISBN : 978-2-343-05942-6, ISBN EBOOK : 978-2-336-37375-1

UN CHEF-D'ŒUVRE DES ARTS D'AFRIQUE
La plateau de Fa (golfe du Bénin), collection Christoph Weickmann Ulm, 1659
Biton Marlène-Michèle
Dans cet ouvrage, l'auteur a tenté de mener une enquête sur un plateau de divination provenant des côtes de Guinée, importé il y a 350 ans à destination du cabinet de curiosités d'un marchand d'Ulm, Christoph Weickmann. Il s'agit d'abord de replacer cet objet dans son contexte historique et culturel et de retrouver les conditions de son arrivée en Europe. L'auteur entreprend également une analyse plastique précise ouvrant des perspectives sur les modalités de représentations utilisées et l'accès à une mythologie foisonnante.
(Coll. Ethnoesthétique, 30.00 euros, 290 p.)
ISBN : 978-2-343-04282-4, ISBN EBOOK : 978-2-336-37491-8

DE LA CEAO À L'UEMOA
Ou la genèse d'une intégration sous-régionale réussie
Sawadogo Fatimata - Préface de Cheikhe Hadjibou Soumaré
Cet ouvrage est un solide argumentaire de la trajectoire de l'intégration ouest-africaine. Cette analyse historique sur les principales organisations qui ont précédé la CEAO (Communauté économique de l'Afrique de l'Ouest), se concentre sur les acquis et les insuccès de cette dernière. L'auteur analyse le passage de la CEAO à l'UEMOA (Union économique et monétaire ouest-africaine) pour mieux démontrer les grandes avancées sur le difficile chemin de l'intégration sous-régionale. Elle insiste sur le bilan positif de l'UEMOA eu égard aux nombreuses actions concrètes dans tous les secteurs de la vie socio-économique au profit des populations.
(15.50 euros, 152 p.,)
ISBN : 978-2-343-05985-3, ISBN EBOOK : 978-2-336-37437-6

CHEIKH HAMAHOULLAH − Homme de foi et résistant
L'Islam face à la colonisation française en Afrique de l'ouest
Traoré Alioune
Cheikh Hamahoullah fut l'un des principaux propagateurs du tijânisme en Afrique occidentale. Il mena un combat inlassable pour la liberté et la dignité des peuples d'Afrique pendant la période coloniale. En s'appuyant sur des documents d'archives, la tradition orale africaine et des manuscrits conservés par les fidèles et les adversaires du Cheikh, l'auteur rejette l'image d'un Hamahoullah agitateur sans culture et sans foi, que répandaient complaisamment les rapports des administrateurs coloniaux.
(34.00 euros, 404 p.)
ISBN : 978-2-343-04694-5, ISBN EBOOK : 978-2-336-37070-5

QUELLE AFRIQUE POUR LES JEUNES ?
Lettre ouverte
Barry David
Ce livre est une lettre ouverte d'un panafricaniste convaincu. Il s'adresse aux jeunes, car ce sont eux qui peuvent encore nourrir de grands rêves et qui ont encore la capacité de s'indigner. Le panafricanisme est pour l'auteur la seule voie royale qui permettra aux jeunes de retrouver une certaine cohérence, un sens et surtout de reprendre l'initiative. Cette lettre ne comporte pas de recettes mais propose une démarche en fournissant des repères.
(Harmattan Burkina Faso, Coll. L'Harmattan International Burkina Faso, 16.50 euros, 166 p.,)
ISBN : 978-2-343-06009-5, ISBN EBOOK : 978-2-336-37484-0

L'HARMATTAN ITALIA
Via Degli Artisti 15; 10124 Torino
harmattan.italia@gmail.com

L'HARMATTAN HONGRIE
Könyvesbolt ; Kossuth L. u. 14-16
1053 Budapest

L'HARMATTAN KINSHASA
185, avenue Nyangwe
Commune de Lingwala
Kinshasa, R.D. Congo
(00243) 998697603 ou (00243) 999229662

L'HARMATTAN CONGO
67, av. E. P. Lumumba
Bât. – Congo Pharmacie (Bib. Nat.)
BP2874 Brazzaville
harmattan.congo@yahoo.fr

L'HARMATTAN GUINÉE
Almamya Rue KA 028, en face
du restaurant Le Cèdre
OKB agency BP 3470 Conakry
(00224) 657 20 85 08 / 664 28 91 96
harmattanguinee@yahoo.fr

L'HARMATTAN MALI
Rue 73, Porte 536, Niamakoro,
Cité Unicef, Bamako
Tél. 00 (223) 20205724 / +(223) 76378082
poudiougopaul@yahoo.fr
pp.harmattan@gmail.com

L'HARMATTAN CAMEROUN
BP 11486
Face à la SNI, immeuble Don Bosco
Yaoundé
(00237) 99 76 61 66
harmattancam@yahoo.fr

L'HARMATTAN CÔTE D'IVOIRE
Résidence Karl / cité des arts
Abidjan-Cocody 03 BP 1588 Abidjan 03
(00225) 05 77 87 31
etien_nda@yahoo.fr

L'HARMATTAN BURKINA
Penou Achille Some
Ouagadougou
(+226) 70 26 88 27

L'HARMATTAN SÉNÉGAL
10 VDN en face Mermoz, après le pont de Fann
BP 45034 Dakar Fann
33 825 98 58 / 33 860 9858
senharmattan@gmail.com / senlibraire@gmail.com
www.harmattansenegal.com

L'HARMATTAN BÉNIN
ISOR-BENIN
01 BP 359 COTONOU-RP
Quartier Gbèdjromèdé,
Rue Agbélenco, Lot 1247 I
Tél : 00 229 21 32 53 79
christian_dablaka123@yahoo.fr

Achevé d'imprimer par Corlet Numérique - 14110 Condé-sur-Noireau
N° d'Imprimeur : 126828 - Dépôt légal : mars 2016 - *Imprimé en France*